中国国力报告

REPORT ON CHINA' S NATIONAL POWER 2013—2014

连玉明　武建忠◎主编

当代中国出版社
Contemporary China Publishing House

图书在版编目(CIP)数据

中国国力报告（2013—2014）/连玉明，武建忠主编. —北京：当代中国出版社，2014. 7

ISBN 978-7-5154-0415-8

Ⅰ. ①中…　Ⅱ. ①连…　②武…　Ⅲ. ①综合国力—研究报告—中国　Ⅳ. ①D6

中国版本图书馆 CIP 数据核字(2014)第 039752 号

出 版 人　周五一
策划编辑　李一梅
责任编辑　李一梅　张　燕
责任校对　康　莹
装帧设计　胡　凯
出版发行　当代中国出版社
地　　址　北京市地安门西大街旌勇里 8 号
网　　址　http://www.ddzg.net　邮箱：ddzgcbs@sina.com
邮政编码　100009
编 辑 部　(010)66572264　66572132　66572154　66572434
市 场 部　(010)66572281 或 66572155/56/57/58/59 转
印　　刷　北京宝昌彩色印刷有限公司
开　　本　720×1020 毫米　1/16
印　　张　16 印张　图表 74　200 千字
版　　次　2014 年 7 月第 1 版
印　　次　2014 年 7 月第 1 次印刷
定　　价　56.00 元

研究机构

首都科学决策研究会（Capital Association for Scientific Decision-Making）是由首都科研机构及专家学者联合发起设立的从事科学决策的非营利社会团体。研究会本着“服务决策、服务发展、服务民生”的宗旨，建立决策信息和智力支持系统，以推动决策科学化和民主化进程。其核心战略重点是聚集相关专业研究者，发挥新政策、新科技、新舆论的首创精神和积极作用，通过广泛传播研究成果为领导者提出可供选择的科学决策方案。

北京国际城市发展研究院（IUD-International Institute for Urban Development，Beijing）成立于2001年，是中国政府批准设立的中国首家从事城市发展研究的跨学科国际化非营利组织。IUD以城市价值链理论为指导，以发现城市价值，提升城市品质为宗旨，围绕城市发展全过程，开展城市决策与预测研究，建立全球化学习网络，实施城市战略设计和行动计划。并以此为基础，构建对21世纪中国城市发展产生积极影响和推动作用的决策信息和智力支持系统。

《领导决策信息》周刊（IDM）是一份为中高级领导决策提供信息的专业化期刊。它以“为中高级领导决策提供最新、最重要、最有用的信息”为宗旨，以“权威性、超前性、指导性，独家独特独到；准确性、科学性、实用性，可信可用可存”的特色和风格深受党政界、知识界、企业界决策者的支持和认可，被誉为“中国决策白皮书”。

国际城市论坛（ICF）是国际城市论坛基金会发起并组织的中国城市面向世界最具前瞻性、权威性、开放性的非官方非营利性组织。它集高层对话、学术研究、成果发布为一体，是促进中国与世界各国城市形成长期稳定的新型伙伴关系而建立的公共平台。国际城市论坛定期举办年会、城市峰会和大讲堂公益活动，评选“中国城市管理进步奖”，推广“国际访问学者计划”和“中国城市科考计划”，出版“中国城市价值研究系列报告”，并通过网络化方式，推进地方政府官员、专家学者、企业家与论坛彼此的联系，高度重视论坛的后续行动和长期服务，积极稳妥地向机制化方向发展，独立或合作开展有助于实现论坛宗旨的各种活动。

中国政务信息网（www.ccgov.net.cn）是专为国内中高级领导提供决策信息服务的专业网站，是《领导决策信息》周刊指定的官方网站，是北京国际城市发展研究院、首都科学决策研究会和领导决策信息杂志社的网络门户，是中国政务信息内容提供商，是政府信息化的战略合作伙伴。

研究人员

主编

连玉明　武建忠

执行主编

石龙学

执行副主编

张　涛

核心研究人员

连玉明　朱颖慧　武建忠　刘俊华　石龙学　李晓军　金　峰
李瑞香　张　涛　朱盼盼　郭姗姗　李英才　高继龙　张　洪
梁　语　秦坚松　黄婉秋　吴　佳　孔　琍　侯新伟　胡　阔
杨　鑫　胡新宇

目录

宏观大势

国家治理

区域发展

产业经济

宏观大势

National Power

透过“克强指数”看中国经济

2013 年以来，由巴克莱资本公司创造的新词“李克强经济学”（Likonomics）正在成为经济学界讨论的热词。它被用来代指以国务院总理李克强为首的新一届政府为中国制定的经济增长计划，其核心内容包括：不出台刺激措施、去杠杆化和结构性改革，以短痛换取长期的益处。而早在 2010 年，英国著名政经杂志《经济学人》曾推出一个用于评估中国 GDP 增长量的指标——“克强指数”，同样以李克强的名字命名。该指数是三种经济指标：工业用电量新增、铁路货运量新增和银行中长期贷款新增的结合，自推出后，得到包括花旗银行在内的众多国际机构认可。

“克强指数”的由来及计算公式

2007 年，时任辽宁省委书记的李克强告诉来访的美国驻华大使，他更喜欢通过三个指标来追踪辽宁的经济动向：全省铁路货运量、用电量和银行已放贷款量，以挤掉统计数字的水分。2010年末，英国《经济学人》杂志的编辑受李克强谈话启发，将李克强所言的三项指标予以综合，带入一个程式，创造出了一个崭新的“克强指数”。“克强指数”是三种经济指标：工业用电量、铁路货运量新增和银行贷款发放量的结合。该杂志认为，克强指数比官方GDP数字更能反映中国经济的现实状况。

在花旗银行编制的“克强指数”中，铁路货运占25%，银行贷款占35%，用电量占40%。通过简单的回归分析，把GDP增长速度和这三个指标增长速度间建立一个模型，来对比拟合程度。在这三个指标里，用电量是影响经济走势的最重要指标，之后是银行贷款和铁路货运。

“数字出官，官出数字”饱受诟病，“克强指数”显示出一名高层决策者的清醒、实在，也展现出他的专业功底和专业精神。李克强的专业精神，既来自系统的学术训练，也来自从工业、农业两个大省再到中

□ **“克强指数”与官方数据**（GDP增速）

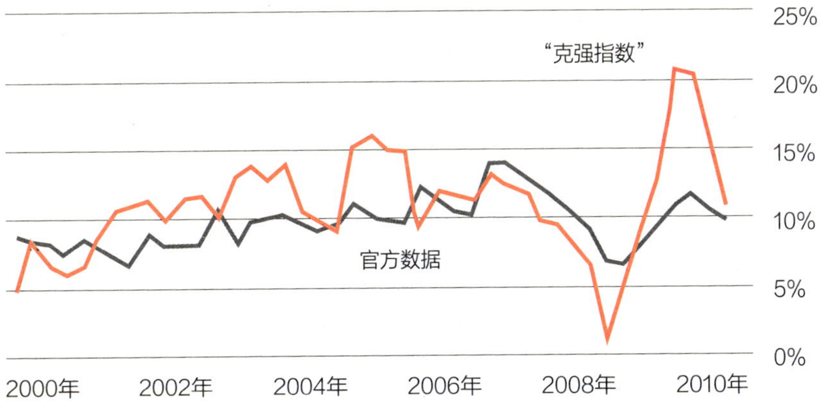

资料来源：CEIC，《经济学人》

央的实践磨炼。

“克强指数”更能精确地反映经济现状——现代工业生产与能源消耗密切相关，故而“耗电量”的多少，可以准确反映中国工业生产的活跃度以及工厂的开工率；铁路作为承担中国货运的最大载体，故而“铁路货运量”的多少，既能反映经济运行现状，又可反映经济运行效率；而对于间接融资占社会融资总量高达84%的中国而言（银行贷款又占到中国间接融资的绝对大头），故而“贷款发放量”的多少，既可反映市场对当前经济的信心，又可判断未来经济的风险度。

“克强指数”反映经济现状的精确，不仅体现在上述三个指标更切合中国经济特征，还体现在具体数据的易于核实上。与GDP的统计相比，由耗电量、铁路货运量和银行贷款发放量三个指标涉及电网、铁路、银行的具体业绩核算，与地方政府的GDP崇拜关系不大，也近乎没有作假掺水的空间和动机，故而所取得的具体数据更为真实，同时也更真实反映经济的走势。

除此之外，通过耗电量权重占比高达40%的“克强指数”，还可以减少对宏观经济的误判。中国经济的“数字增长”，很大程度上由行政主导式的投资刺激所导致，但是，行政主导投资在牵涉“铁路货运量”和“银行贷款发放量”两个指标较多的同时，却与权重占比最大的“耗电量”牵涉不大，故而“克强指数”对经济状况的反映亦更为客观。

“克强指数”传达出一个很积极的信号，中国的决策者不再依赖某个单一表面数据，他们在研究经济的内在动力、组织结构，通过这些更细微、更专业的观察，能够更好地把握未来经济的走向。

2012：“克强指数”透视的中国经济现实状况

我们就“克强指数”中关键的三个指标与内地各省（区）市的状况进行对比分析，进一步反映中国经济的现实状况。

“克强指数”透视之一：新疆发用电量增幅稳居全国第一，GDP 排名前移 10 位

在“克强指数”中，工业耗电量指标，可以在一定程度上反映一个地区工业生产的活跃度以及工厂的开工率，即使在某些时候，经济增速与用电量并不同步。例如，据国家能源局公布的数据，2012 年中国全社会用电量同比增长仅 5.5%，增幅创 2008 年经济危机后 4 年来新低。分

□ 2012 年部分地区工业用电量及 GDP 增速情况

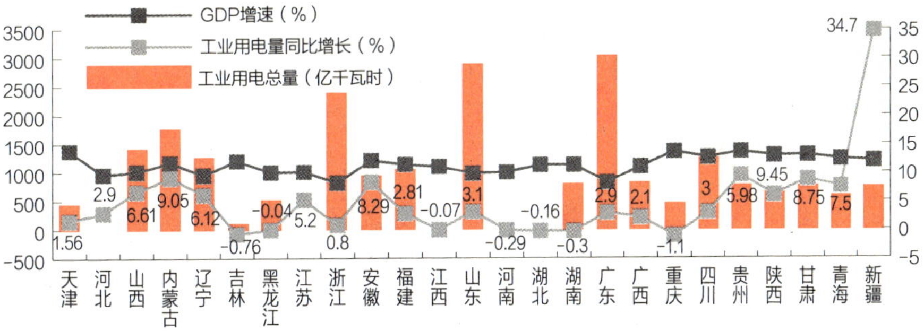

注：北京、上海、海南、云南、西藏、宁夏工业用电量相关数据暂无；天津、辽宁、新疆工业用电量数值为 2012 年 1—11 月份；四川工业用电量为第二产业用电量；青海工业用电量为全省全社会用电量。

资料来源：据各地 2012 年统计公报及媒体公开报道整理

产业看，用电占比超过 70% 的第二产业用电大幅回落，其中重工业同比增速从 2011 年的 12.4% 回落到 3.8%，轻工业同比增速从 9.3% 回落到 4.3%。不过值得注意的是，从 2012 年 10 月份以来用电量情况开始持续好转，传递出经济复苏和回暖的信号。从分省区的用电情况与经济增长对比来看，2012 年新疆用电量增幅稳居全国第一。其中 1—11 月新疆工业用电增长 34.7%，重工业用电量增长了 37.2%。与之对应的 GDP 增长 12.95%，高于全国 4.2 个百分点。排名前移 12 位，居全国第 11 位，西部排名前移 5 位，居第 8 位。

2012 年，贵州以 13.6% 的经济增长率与天津一起并列第二，而其工业用电量增速也达到了 9.45%。相关资料显示，2012 年全国两会的贵州代表团团组开放日活动上，当时的贵州省委书记、省人大常委会主任栗战书会同国家电监会、国家发改委、国家能源局、财政部等部门有关人员一起回答媒体提问，所讲到的第一个数据就是 2012 年 1—2 月，贵州省的用电量增长了 9.5%，其中工业用电量增长了 14.4%，比上年同期提高 13.9 个百分点。2012 年年终交卷，贵州以 13.6% 的经济增长率并列

□ 2012 年部分地区规模以上工业企业利润情况

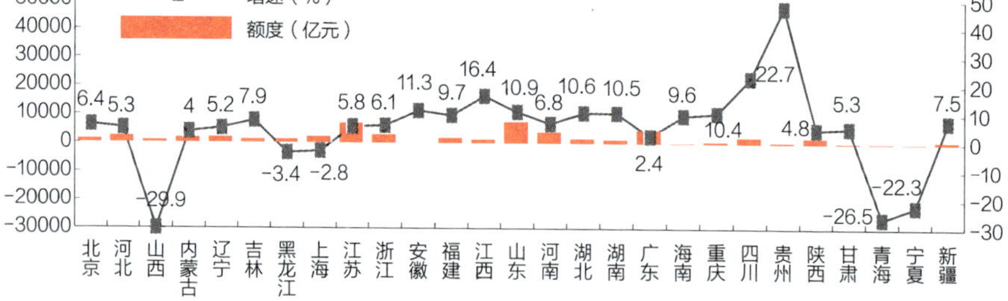

注：广西规模以上工业企业利润相关数值暂无。

资料来源：据各地 2012 年统计公报整理

排名全国第二。而在2012年年中，贵州还专门召开工交生产紧急调度电视电话会，省市县联动采取工业扶持措施，鼓励企业放心用电，每月省市县共计支出的补贴资金接近8000万元，其中省级资金达到5500万元左右。

当然，工业用电量也并非童叟无欺。从2012年用电量增速排在后三位的看，湖南、吉林和重庆三地区2012年工业用电量分别为810万千瓦时、122.42千瓦时和469.39万千瓦时，三地工业用电量增速分别下降了0.3%、0.76%和1.1%，但是2012年三地区的GDP呈现出增长态势，分别为11.3%、12%和13.6%，排名分别位列第17位、第10位和并列第2位，也表明“工业用电量增幅”这个指标存在的局限性。

从近几年的经济情况看，“克强指数”中把用电量作为经济走势以及GDP的晴雨表具有非常重要的意义，而专业人士也常以此判断真实的经济增速。例如，在国际金融危机肆虐的2008年年底，中国内地的用电量明显地传递出了经济复苏的信号，“从没有像2009年2月份这样，它的发电量和用电量数据被翘首以待”（《21世纪经济报道》2009/2/24），这是因为，一般而言，电力需求增长0.85个百分点，工业增加值就增加1个百分点。当时的数据显示，在正面迎击危机的中国经济最繁荣地区的江苏、上海以及工业大省辽宁，用电量同时出现逆转，而这刚好是中央4万亿投资第一批1000亿下发的紧急实施阶段。

或许用电量反映增长的真实含义，还需进一步从经济的结构中寻找，尤其是当我们用GDP数据衡量整个经济产量时，必须明白，一些经济行为比其他行为可能对能源更为敏感。因此，这些年来，学界对于电力是否是经济晴雨表的写照的看法一直存在质疑。相关数据的实证也显示，中国1997年、1998年GDP增长分别为8.8%、7.8%，而电力消费增长分别为4.4%和2.8%，这甚至使人们对“GDP是影响电力需求的决定性因素”产生了怀疑。同时，由于 GDP 构成要素中的投资、消费、进出口等对电力消费有不同的影响，因此直接根据 GDP 总量和电力消费之间的电力弹性系数来进行电力需求预测也存在一定的问题。换句话说，用电量作为 GDP 指标的作用或许不能高估，“电力消费和 GDP 之间存在着某种联系，但这种联系并不紧密”（世界银行高级经济学家 Louis Kuijs）。

事实上，在目前的实践中，还有很多指标都能在一定程度上预测经济的复苏和增长情况。其中包括制造业采购经理人指数、钢铁产量、经合组织先行指数等指标。渣打银行经济学家王志浩甚至曾经用挖掘机和轮式装载机的销量来作为中国经济的先行指标。但无论如何，用电量增幅与经济增长的相关性作为经济复苏的强信号，其意义已经不可替代。

“克强指数”透视之二：铁路货运量是个硬指标

铁路作为承担全国货运的最大载体，“铁路货运量”的多少，既能反映经济运行现状，又可反映经济运行效率。2012 年，全国铁路货运量达 39.04 亿吨，与上年同期相比下降 0.7%；全年国内生产总值同比增长 7.8%，增速较上年下降 1.5 个百分点。

从各地的数据来看，2012 年甘肃、辽宁、河北铁路货运量分别较上年增长 17.89%、7.1% 和 4.2%，GDP 增速分别为 12.6%、9.5% 和 9.6%。2012 年甘肃 GDP 增长 12.6%，GDP 增速排名第 6 位，较上一年提高 10 个名次，2011 年甘肃铁路货运量为 0.54 亿吨，同比增长 8.71%，当年 GDP 增速为 12.5%。但从整体货物运送量来说三省份的货运量总体均偏小，显示经济总体发展有待进一步提高。辽宁 2012 年铁路货运总量也

□ 2012 年部分地区铁路运货量及 GDP 情况

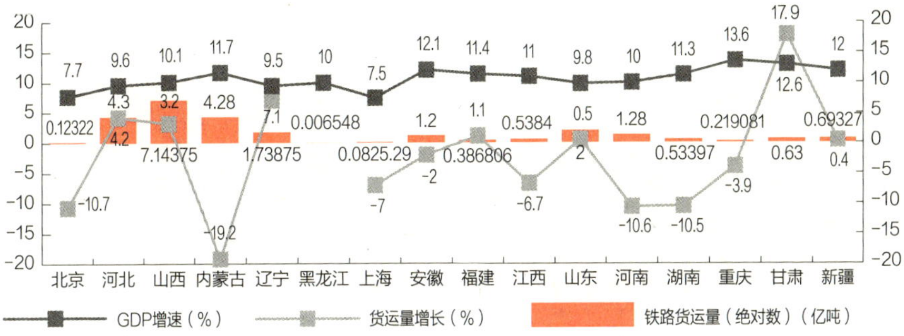

注：天津、吉林、江苏、浙江、湖北、广东、广西、四川、贵州、云南、陕西、宁夏相关数据暂无；黑龙江数据为测算值。

资料来源：据各地 2012 年统计公报及媒体公开报道整理

有较大幅度的提高（增长 7.1%），GDP 增速为 9.5%，较上一年下降 2.6 个百分点，排名由上一年的第 20 位下降至第 26 位。

另外，湖南、河南、北京、内蒙古四地的铁路货运量相比上年，均出现下降趋势，且降幅均超过 10%，其中内蒙古降幅最大，达到

□ 2012 年部分沿海地区港口吞吐量情况

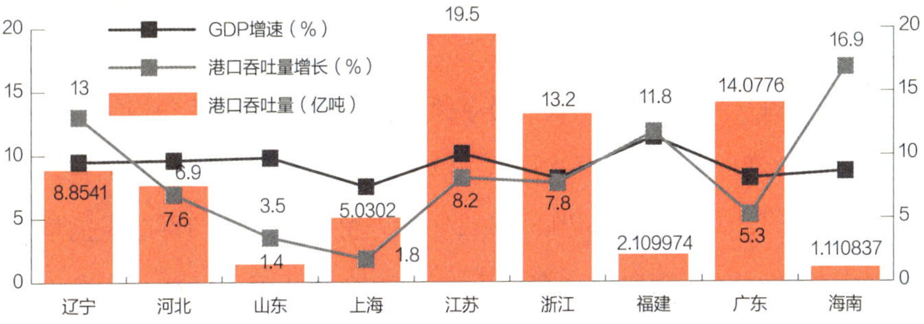

注：天津相关数据未给出；山东、上海、福建为水运货物量数据。

资料来源：据各地 2012 年统计公报及媒体公开报道整理

□ 2012年部分地区中长期贷款余额及GDP情况

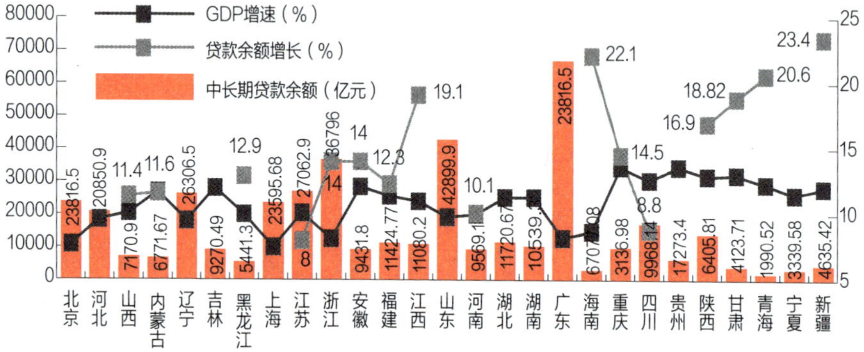

注：天津、广西、云南、西藏相关数值暂无；河北、辽宁、吉林、江西、山东、广东、陕西、宁夏中长期贷款余额为金融机构各项贷款余额；北京、上海、湖北、湖南、贵州中长期贷款余额分别较2011年年底或2012年年初增加1033.6亿元、757.76亿元、1320.28亿元、1374.4亿元、962.17亿元。

资料来源：据各地2012年统计公报及媒体公开报道整理

19.2%，2012年内蒙古GDP增长11.7%，增幅较上一年下降2.6个百分点，排名由第5名跌至第13名。2011年内蒙古铁路货运量达到5.3亿吨，增长12.8%。

除了铁路货运量这一重要指标外，另外还应该和港口、民航等货运量因素结合加以考虑。比如，从港口吞吐量来看，海南、辽宁、福建港口吞吐量增幅均超过10%，分别达到了16.9%、13%和11.8%，但是从运输总量来看稍显逊色，不及江苏、浙江、广东。2012年，江苏、浙江、广东三省份港口吞吐量分别达到了19.5亿吨、13.2亿吨和14亿吨，分别较上年增长8.2%、7.8%和5.3%，作为外贸大省，港口吞吐量的增加显现出外部经济环境向好，在此影响下2012年江苏、浙江、广东三省份外贸出口额分别达到了3285.4亿美元、2245.7亿美元和5741.36亿美元，同比增长5.1%、 3.8%和7.9%。

“克强指数”透视之三：新、琼、青金融机构中长期贷款增幅超 20%

对于间接融资占社会融资总量高达 84% 的中国而言（银行贷款又占到中国间接融资的绝对大头），“贷款发放量”的多少，既可反映市场对当前经济的信心，又可判断未来经济的风险度。数据显示，2012 年共有 12 地区的中长期贷款额增长超过 10%，占总数的 38.7%，其中排在前三位的新疆、海南、青海的增幅超过 20%，分别达到了 23.4%、22.1% 和 20.6%，其 GDP 增长分别为 12%、8.7% 和 12.3%。2012 年，新疆中长期贷款 4635.42 亿元，增长 23.4%，较上一年回落 5.1 个百分点，GDP 增长 12%，增速与上一年持平，排名由上一年的第 23 位升至第 11 位。

另外，金融机构贷款与中国民营企业发展有着紧密的联系，各地数据显示 2012 年民营经济增加值均有不同程度的增长，涨幅介于 8%—25%。而各地民营经济也显现出应有的活跃，民营经济已经成为中国经济的重要支柱，同时也成为解决就业的主要途径之一。

2013：“克强指数”折射出的中国经济四大问题

问题一：“克强指数”与中国经济的隐忧

通过前面的分析比较发现，“克强指数”中的三个指标，确实在一定程度上能够反映出当前国内经济运行与发展的情况。但是也有专家表示“克强指数”有两个可以改进的地方：第一，是用电量，指数中主要

□ 2012 年部分地区民营经济情况

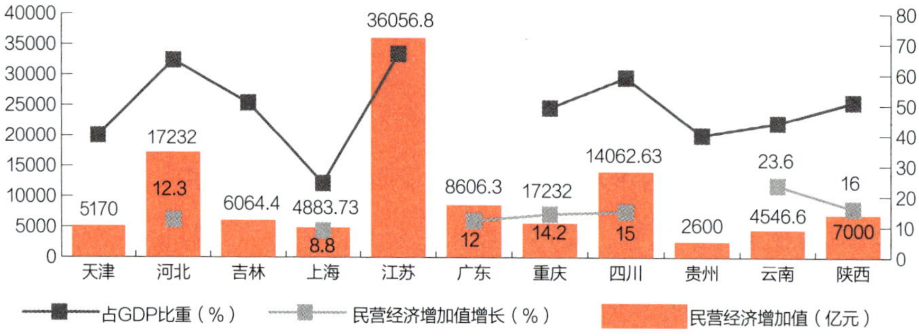

注：上海为私营及个体经济增加值，江苏为非公有制经济增加值，广东为规模以上，四川为非公有制经济，陕西为非公有制经济。

资料来源：据各地 2012 年统计公报及媒体公开报道整理

反映的是工业的用电量。而农业和第三产业，特别是服务业，并没有反映出来。如果中国经济整个服务业占的比重提高，那“克强指数”中用电量的权重需要变得比较小。第二，从银行贷款来讲，因为现在整个中国融资里面，银行贷款只占 50%。所以完全用银行贷款来反映信贷存在低估的可能。用社会融资可以替代银行的贷款增长，但存在的最大问题是社会融资没有余额数据，所以需要有一个对余额的估计。

无论“克强指数”是否如媒体所说的那样能够更好地反映出中国经济当前的运行，抑或是需进一步改善，“克强指数”都为我们提供了另一个视角，去无限接近真实、客观地衡量中国经济的运行与发展。

例如，2013 年是中国新一届领导的执政元年，但中国经济却进入一个前所未有的下行通道。同时，一些行业产能过剩的矛盾又异常凸显，加之财政金融领域多种风险隐忧叠加，令外界对中国今后的经济增长忧心忡忡。那么中国政府会再出类似 2008 年一揽子刺激经济的政策吗？答案是否定的。2013 年 5 月 13 日，李克强总理已明确指出，要实现今

□ “克强指数”走势图

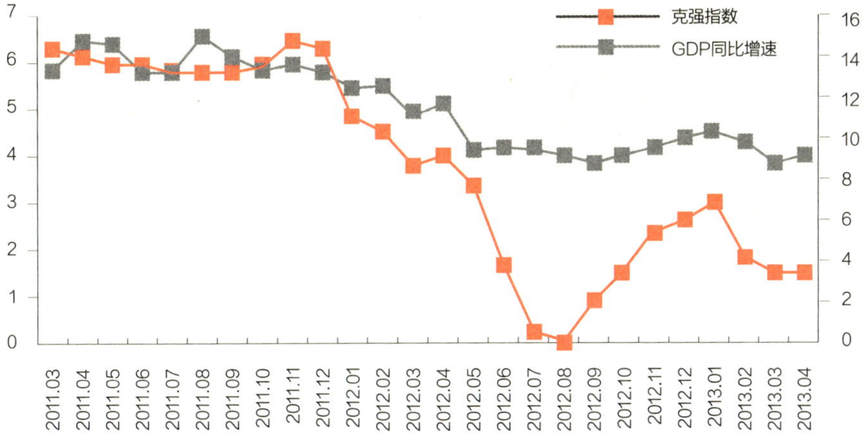

注：1. 克强指数中工业用电量、中长期贷款余额和铁路货运量的权重按照花旗银行公布的标准分配：40%、35% 和 25%，即克强指数＝工业用电量增长率 ×40%+ 中长期贷款余额增长率 ×35%+ 铁路货运量增长率 ×25%。

2. 由于 GDP 是按季度公布，为了使数据频率相同，此处采用统计方法将季度数据转换为月度数据。

3. 此处克强指数为笔者自行计算，如有出入，仅供参考。

数据来源：国家统计局

年发展的预期目标，靠刺激政策、政府直接投资，空间已不大，还必须依靠市场机制。实际上，市场机制本身对经济运行具有自动调节作用，是能够调整一般性经济活动的。如果过多地依靠政策拉动来刺激增长，不仅难以为继，甚至还会产生新的矛盾风险。根据工业用电量新增、铁路货运量新增和银行中长期贷款新增三个指标绘制的最新“克强指数”走势图，可以发现“克强指数”领先于 GDP 和工业增速约两个月，其波动性大于 GDP 和工业增速。

而继 5 月疲软的宏观经济数据发布后，2013 年 6 月的由工业用电量、铁路货运量、银行中长期贷款三大权重构成的“克强指数”也创下了年

□ “克强指数”分类指标走势图（%）

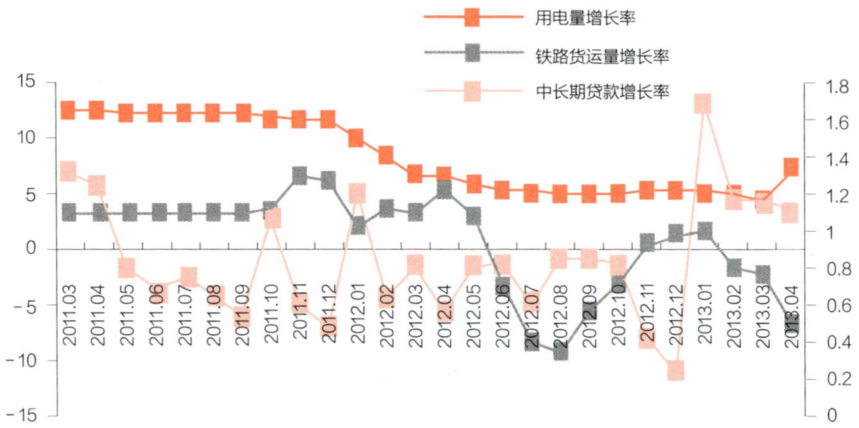

注：工业用电量增长率和铁路货运量增长率位于主坐标轴；中长期贷款余额增长率位于次坐标轴。

数据来源：国家能源局、中国人民银行、国家统计局

内新低。

工业用电量可以准确反映中国工业生产的活跃度，以及工厂的开工率，2013年4月，工业用电量环比负增长。虽然同比增速较3月上升4.4个百分点，但若按照日均用电量计算，同比仍是负增长。工业疲软之势尽显。

央行统计数据显示，2013年3月末，金融机构本外币企业及其他部门中长期贷款余额26.69万亿元，同比增长7.6%，增速比上年年末高0.7个百分点。4月中长期贷款新增加4061亿元，其中，4月对公中长期贷款仅增加1750亿元，比上月少增780亿元；对公短期贷款仅增加了536亿元，较上月大幅下降；票据融资增加了1687亿元，较上月多增了504亿元。

数据显示，2013年以来对公中长期贷款持续低迷，前4个月，中长期贷款在对公贷款中的占比分别为52%、57%、37%、42%。对公中长

□ **不同商业银行不良率情况**（%，亿元）

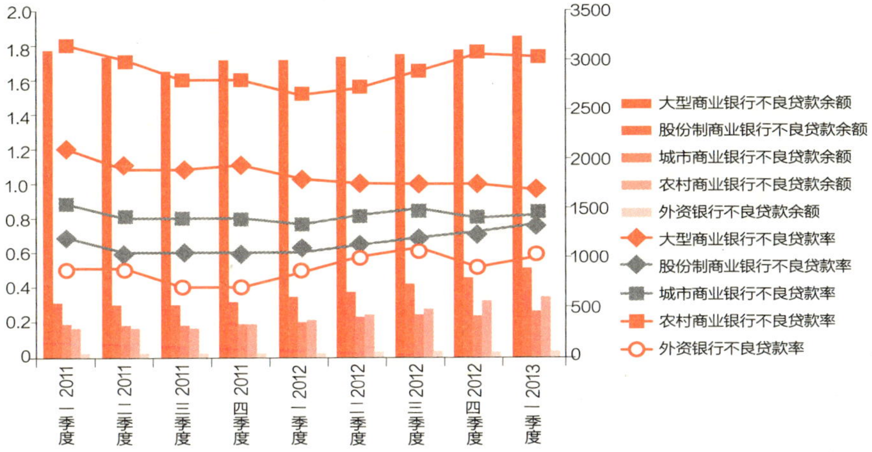

数据来源：中国银监会

期贷款持续低迷反映了实体经济复苏缓慢，企业对未来盈利预期不好。

铁路货运量也在持续下降。数据显示，2013 年一季度，全国铁路货运发送量完成 99074 万吨，较上年同期减少 787 吨，同比下降 0.8% 左右。而 4 月铁路货运量同比降幅达 6.5%，业内人士称，随着国家产业结构调整的力度不断加大，全年铁路货运量不会有太大幅度增长。由于目前在中国铁路货运中，煤炭、石油、粮食等大宗物资占主体，仅铁路货运的煤炭就占全国煤炭的 50% 以上，中国能源消费又以煤炭为主，因此铁路货运量的变化会比用电量更快地预示经济的变化。

问题二：新兴产业也过剩

本轮产能过剩是在“产业梯度转移、技术升级换代”的特殊背景下形成的，所谓产业梯度转移，是说在劳动力、土地、能源资源成本快速上涨的背景下，地区竞争力和地区比较优势发生了一些变化，沿海地区的传统产业不具有地区比较优势，它必然会选择一个产业的梯度转移。所谓“技术升级换代”，是指新的技术要替代老的产品，在这个过程中也会出现新技术产能和老技术产能同时存在的问题。因此，本轮产能过剩有不同于以往的三个特点。

第一，产能过剩具有全面性。传统产业和战略性新兴产业都出现了过剩。2012 年，以粗钢、水泥、电解铝为代表的传统产业的产能利用率不足 80%，而以平板玻璃、光伏、风电为代表的战略性新兴产业的产能利用率也不足 70%。

第二，战略新兴产业面临财务危机。据有关部门估计，中国光伏产能利用率只有不到 60%。与此同时，国内光伏产业正面临较为严重的应收账款和资金链的问题。2012 年前三季度，41 家光伏企业应收账款高达 316 亿元，较上年同期增加 69 亿元，增幅近三成。第四季度这一状况仍未好转。而受 2012 年光伏全行业寒冬影响，“重灾区”上游多晶硅价格一路下跌，2012 年年底多晶硅报价一度跌至 12.5 万元 / 吨。全国大多数的多晶硅企业停产。2013 年 1 月 31 日，江苏阳光公告，宁夏硅业生产成本严重倒挂，并已资不抵债，为此向宁夏当地法院申请破产

□ **不同行业产能利用率**

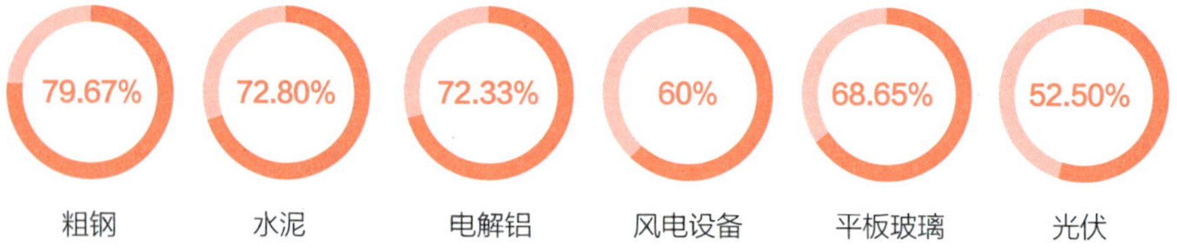

数据来源：据各行业产能分析报告整理

清算。特别是尚德破产重组，业内担忧多晶硅行业或由“停产潮”转至“破产潮”。

第三，在治理新兴产业产能过剩的过程中，中央政府和产业主管部门制定专项规划，解决各地政府主导的盲目发展、重复投资等共性问题，并对地方政府和企业的积极性加以引导，同时，有关部委正在积极探索建立战略性新兴产业统计指标监测体系，创设战略性新兴产业产能过剩预警机制，把战略性新兴产业引向健康发展的轨道。

问题三：制造业持续疲软困境

作为宏观经济重要先行指标，国家统计局公布的 2013 年 5 月制造业 PMI 为 50.8%，较上月回升 0.2 个百分点。该数据扭转了 4 月的下降态势。数据显示，4 月 PMI 为 50.6%，较 3 月下降了 0.3 个百分点。同时，和往年同期不同，该数据还出现了反季节性上升。但专家普遍对该数据持谨慎乐观态度。5 月 PMI 呈环比上升，显示中国制造业出现温和回升迹象，但综合历史数据和其他指标来看，目前制造业的增长势头仍然疲软。

另据汇丰（HSBC）2013 年 6 月 4 日发布的 5 月汇丰中国制造业 PMI（采购经理人指数）为 49.2%，创下 8 个月来新低并跌破荣枯线。值得注意的是，汇丰的数据与国家统计局的官方数据对比明显，官方数据反季节升至 50.8%，为 2012 年 4 月以来次高位。

汇丰表示，官方和汇丰数字背离的原因有二：一是官方调查覆盖 3000 家企业，以大中型企业为主，而汇丰调查覆盖大约 430 家企业，并且更多覆盖中小企业，因此汇丰的数据凸显了中小企业目前的境况；二是从历史上看，官方数据经季节调整后较汇丰数据波动性更高，汇丰数

□ **官方与汇丰制造业 PMI 指数走势图**（%）

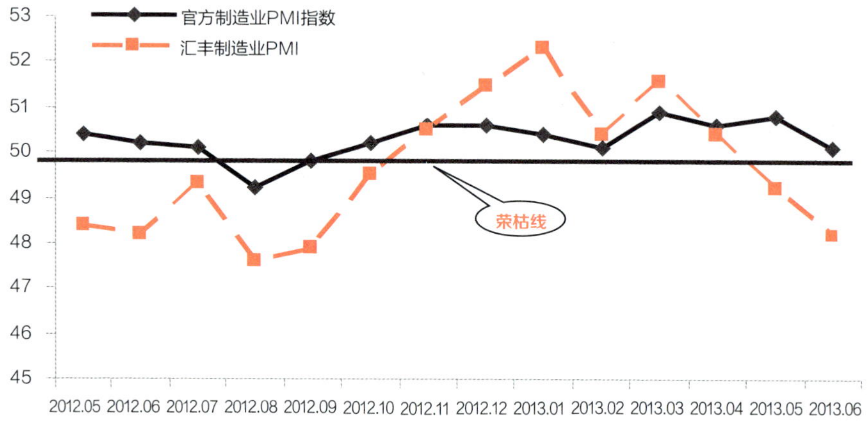

数据来源：国家统计局、中金网

据季调是基于 X11 季节调整方法，并将以往调整因素计入考量。

由制造业 PMI 指数分类指标可以看出以下几点：

第一，中国当前经济的基本运行态势是稳中回升。第二，中国宏观调控的效果已经开始显现。这一轮宏观调控以质量为中心，以提升产业结构为目的，提升战略性新兴产业在国民经济之中的比重。从生产指数来看，电子、信息、装备制造等行业的生产指数都得到了不同程度的提升，这说明中国的经济运行质量在提升，宏观调控的效果已经初步显现出来了。第三，整个市场对中国经济的信心在增强，这点可以从库存指数上看出来。

微观经济基础支持中国经济向好的发展态势。在统计指数里面，大型企业、中型企业的 PMI 指数都延续或保持了回升态势，就是说实体经济主体企业的表现支持宏观经济向好的态势。但是小微企业在 PMI 指数上出现回落不利于宏观经济的改善，总体来看，小微企业 PMI 指数的下降，并不妨碍总体宏观经济向好转换的大格局。分地区看，东部

□ 制造业 PMI 指数分类指标（%）

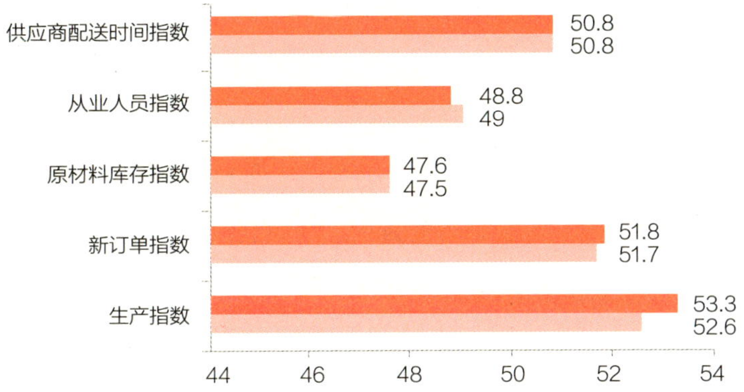

数据来源：国家统计局

和东北地区 PMI 分别为 51.7% 和 51.4%，高于全国 0.9 和 0.6 个百分点，位于临界点以上；中部和西部地区 PMI 分别为 49.3% 和 49.1%，低于全国 1.5 和 1.7 个百分点，位于临界点以下。

2013 年以来，政府的一系列收紧动作对投资和消费都产生显著影响，经济复苏的动能也逐渐衰竭，从一季度至 5 月的数据看，经济面临的下行压力逐步增大。从目前来看，中央似乎暂无再次加速投资的意向，面对经济下行压力有可能采取一些促进消费的措施，但整体经济仍面临继续出清过程。

问题四：大学生就业形势严峻

根据教育部的统计数据，2013 年全国普通高校毕业生 699 万人，约占新进人力资源市场劳动力的一半，比上年增加 19 万人，再加上还没有就业的 21 万 2012 届毕业生，就业压力前所未有。但一份来自对 500

家用人单位统计数据显示，2013 年计划招聘岗位数同比平均降幅接近 15%。一面是毕业生数量持续增长，一面是就业需求缩减，大学生就业情况腹背受敌。

一项针对 2013 届大学毕业生就业情况的调查报告显示，被调查的 2013 届硕士毕业生签约率为 26%，同比下降 9%；本科毕业生为 35%，同比下降 12%；高职高专毕业生为 32%，同比下降 13%。

为切实掌握高校毕业生就业情况，引导和解决他们就业难的现状，国务院办公厅印发了《关于做好 2013 年全国普通高等学校毕业生就业工作的通知》（以下简称《通知》）。《通知》规定不得对求职者设置性别、民族等条件，招聘高校毕业生，不得以毕业院校、年龄、户籍等作为限制性要求，不得将毕业证书发放与高校毕业生签约挂钩。

同时，《通知》还明确了三个方向：一是结合经济发展开发就业岗位，尤其是发挥战略性新兴产业、先进制造业、高新技术产业、智力密集型

□ 2000—2013 年普通高校毕业生人数（万人）

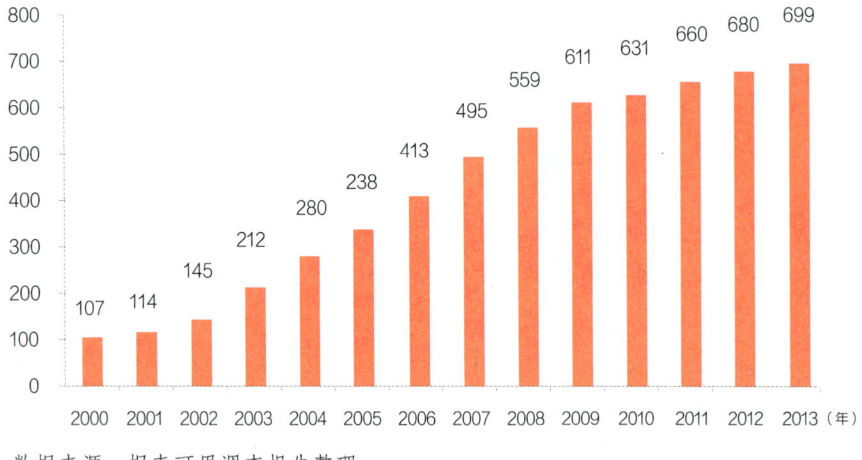

数据来源：据麦可思调查报告整理

产业、现代服务业、现代农业发展对高校毕业生就业的拉动作用。二是鼓励各类企业吸纳就业，包括引导高校毕业生到中小微企业、民营企业和非公有制企业就业，同时引导国有企业吸纳更多高校毕业生就业。三是探索通过政府购买服务的方式，开发一批基层公共管理和社会服务岗位，引导高校毕业生到基层就业。

进入 2014 年，高校毕业生数量将达 727 万人。面对如此严峻的就业形势，特别是经济持续下行，中央已经下决心不再使用政策刺激经济的手段，相反，保就业这条“下限”要求我们必须寻求另外一种“刺激”，那就是通过改革推动经济稳中求进特别是经济升级版的实现，让市场成为新的动力和引擎。用李克强总理的一个比喻，就和骑自行车一样，老在原地打转转是稳不住的，进才能稳得住，这个“进”不是要片面追求 GDP 增长，而是要考虑经济整体素质，通过依靠改革推进转型，提高人民生活水平来实现。要用勇气和智慧，打造中国经济升级版，这对稳增长、增后劲有双重作用。

2014：从“克强指数”到“克强经济学”

世界第二大经济体，最大的出口国，最大的外汇储备国，对世界经济增长的贡献率超过20%……中国经济既有过去30多年奇迹般的成就，但又始终与“不平衡、不协调、不可持续”的忧患共存。2014 年 3 月，李克强总理在全国两会上作的政府工作报告再次明确保持经济运行的合理区间，明确了破解中国经济“三不”问题及深层次矛盾，仅靠刺激政策、政府直接投资，空间已不大，还必须依靠市场机制，其中的关键在于推动经济转型，把改革的红利、内需的潜力、创新的活力叠加起来，形成新动力。从“克强指数”到“克强经济学”，中国经济升级版获得媒体界和资本界的广泛关注。李克强这位师从厉以宁的首位经济学博士总理实践的是一套异于前人的经济学。以至于有媒体称，李克强的改革魄力唤起人们对朱镕基时代的记忆。

2013 年以来，在中国经济走势依然不明朗的时刻，新总理李克强选择的是一套完全不同于前任的经济哲学。如果用一句话来概括“克强经济学”的基调，那就是，让中国经济重回市场的轨道。该放的权坚决放开放到位，该管的事必须管住管好。这与朱镕基时代的改革一样，殊为不易。巴克莱（海外投行）在其发布的研究报告中写道，“克强经济学”有三个重要“支柱”：不出台刺激措施、去杠杆化以及结构性改革。抓其要义就是“强化市场、放松管制、改善供给”。强化市场，强调政府与市场“换手”，政府职能转变，发挥市场的基础作用，激发市场主体的活力，市场能办的，就交给市场，政府不越位、不缺位；放松管制，强调减少审批，尊重市场，尊重市场主体的选择，政府减少微观干预；改善供给，强调减税促进投资，完善福利制度，调整国内利益分配，国有部门向居民部门让利。最终目的就是要把政府工作重点转到创造良好发展环境、提供优质公共服务、维护社会公平正义上来。2013 年 7 月 9 日，李克强总理在广西主持召开经济形势座谈会上再次提出，要着力调结构、促改革，推动经济转型升级。这与本届政府就职以来一直倡导的经济政策总体思路是完全一致的，同时表明中央经济政策从未改变。

地方债隐现、贸易壁垒增加、银行资金短缺……2013 年的中国经济似乎困难重重。李克强就任总理后，面对严峻考验，在“百日新政”中，实行挤水分、调结构、简政放权、布局城镇化等一系列力促发展模式转型的举措。面对外界对中国当前经济形势的极大关注，2013 年 6 月 28 日，李克强在人民大会堂会见来华出席“第三届全球智库峰会”的外方代表时介绍，2013年以来，在复杂严峻的国内外环境中，中国经济总体保持平稳，经济增速处于合理区间，物价水平、新增就业保持稳定。2014年全国两会后的记者见面会上，仍有记者一再追问中央政府所能接受的经济增长的下限到底是多少。对此，李克强两次明确表示，没有就业就没有收入，也难以增加社会财富，所以要有合理的GDP增速，而这个增速就是必须保证比较充分的就业，使居民收入合理增长。

2013年全年的GDP实现了7.7%的增长，这表明中国经济增速平稳，没有出现所谓的“硬着陆”。对此，国家统计局新闻发言人盛来运此前在接受采访时表示，GDP运行在7.4%至7.9%的区间内，属平稳增长。至于2013年第二季度GDP增速较一季度稍有回落，他认为有如下几个原因：第一，这是经济结构转型期潜在生产率下降的一种客观反映；第二，国际环境仍然复杂严峻，世界经济总体上复苏缓慢；第三，这是党中央、国务院主动调控的结果。盛来运指出，尽管经济增速回落，但政府显然是意识到这种增速的适当回落是有利于调结构、转方式的，所以尽管在回落，也还是很冷静地坚持调结构、促改革。从长期来看，这个决策是正确的。

2014年，中国经济形势依然困难重重，而且形势更加复杂。但无论如何，中国经济已经进入“克强经济学”这一崭新航道。在分析中国时下正在经历的一系列考验，以及政府所采取的应对举措，尤其是2014年全国两会确定的新思路之后，巴克莱集团首席执行官安东尼·詹金斯认为，虽然中国经济存在结构性减速，但在“克强经济学”引导下，中国经济增长可以进入一个持续健康的中高速增长的新周期。

上限与下限：“克强经济学”与中国经济容忍度

2013年上半年的经济数据出来后，国务院总理李克强首次提出宏观经济的“两限论”。2013年7月9日，李克强在广西主持召开的部分省区经济形势座谈会上明确提出，经济增长率、就业水平等不滑出下限，物价涨幅等不超出上限。“区间论”被视为“克强经济学”的核心。2014年全国两会上，李克强总理所做的政府工作报告中，“区间论”相关内容首次写入报告。

“克强经济学”与中国经济容忍度

“区间论”或“两限论”是对“克强经济学”的底线思维的最好诠释，也是对当前判断中国经济发展的种种观点的矫正。实际上，“底线思维”是在2012年底中央经济工作会议中提出的。党的十八大开局以来，新一届领导人履新伊始，到随后种种政策举措的出台都体现了“底线思维”。所谓的“底线思维”就是“凡事从坏处准备，努力争取最好的结果，做到有备无患、遇事不慌，牢牢把握主动权”。毋庸置疑，经济结构转型攻坚克难，要善用“底线思维”。当前中国经济面临的困难与挑战是前所未有的，特别是对处于经济社会重大转型与结构性震荡时期的中国而言，“底线思维”显得尤为重要。

市场普遍认为，李克强的“区间论”，意味着本届政府固然愿意牺牲短期利益以推进结构调整进程，但绝不会放任经济下滑，甚至出现硬着陆。在中美战略与经济对话期间，财政部部长楼继伟特别谈到，中国经济不会硬着陆，而增速放缓是结构调整的必然现象。“区间论”提出后最早公布的国家统计局 2013 年 7 月 15 日的经济数据，也有力地说明了中央对当前经济发展形势的准确判断。数据显示，2013 年上半年 GDP 同比增长 7.6%。中国经济依然总体保持平稳，增速处于合理区间。这表明经济的运行是平稳的，而且是稳中有进、稳中提质。

那么，中国经济发展的底线究竟在哪里？这个问题从 2013 年两会一直持续到 2014 年两会还没有一个具体的数据。考虑到“上限、下限”这样较为明确且严肃的措辞，市场一般都会首先将其与“两会”上的全年目标挂钩。2013 年 3 月份全国两会期间，中央政府设定的全年增长目标为 7.5%，使实施多年的“保 8”任务成为历史。全国两会之后，习近平提出了十年“经济翻番”，李克强随后在 5 月出访德国柏林时表示，中国需要 7% 的年度经济增速才能实现在 2020 年将人均国民生产总值翻番的目标。2014 年确定 7.5% 的增长目标后，关于经济增长会继续放缓，并会低于 7.5% 的增长目标的讨论仍在持续。

无论如何，庞大的就业压力和增加城乡居民收入的承诺都要求中国的经济增长必须坚守“区间”，绝不能容忍经济下行到突破底限的程度。

其中，仅以2013年就业情况为例，虽然2013年面临大学毕业生“最难就业年”的考验，但上半年中国城镇新增就业人员就有700多万人，农民工新增外出打工的人数是444万人，显示2013年新增就业岗位依然在增加，这也使得2013年完成900万人的就业目标得以圆满实现。最后，从物价情况看，2013年的走势比较平稳，不突破CPI3.5%上限是容易做到的，即便面临复苏型通胀、输入型通胀、心理型通胀的影响，也不大可能出现明显的通胀现象。而2013年的实际情况，也证明了中央政府最初的决策是正确的。既然2013年在并没有采取短期刺激政策的情况下能够实现经济预期目标，为什么2014年不可以呢?

中国经济已经结束了连续30年两位数的高速发展阶段，正在由高速增长区间向中速增长区间过渡。国务院发展研究中心宏观经济研究部研究员张立群认为，“七上八下”这一经济增速处于合理区间，在这一区间内受不确定因素影响短期出现小幅波动也属正常。尤其是在调整的背景下，需要为这种调整留出足够的空间，通过经济增速的放缓倒逼经济结构调整和产业转型升级。因此，产能过剩和银行的“钱荒”问题能得到比较好的解决。着眼未来，只要年均增速不低于7%，就能实现2020年GDP翻番的目标。国家统计局不久前进行了大规模企业问卷调查，通过互联网调查了近25万家规模以上大中型企业，囊括多个行业，包括工业、房地产和零售业等。结果显示，多于三分之二的企业表示，对中国经济发展的后期走势，以及对经济环境的基本面表示乐观。按照国家统计局新闻发言人、国民经济综合统计司司长盛来运的表述，中国经济发展的基本面、动力格局没有根本改变。因此，企业对中国经济的后期走势的预期仍然比较乐观。盛来运指出，中国经济进入结构转型期以后，尽管潜在生产率有所下降，资源、环境、市场的约束有所增强，但总体的增长动力格局没有发生根本改变，主要表现在四个方面。

一是中国经济仍处在工业化和城镇化加速推进的过程中。他解释道，中国2012年城镇化率为52.6%，无论从数量还是质量角度都还有较大空间。下一阶段，以人为本的城镇化和新兴工业化的高度融合将会释放出极大的投资和消费潜力。

二是中国地域广阔，中西部地区后发优势比较明显并在逐渐显现。按照国家统计局综合发展指数计算，中部地区目前比东部地区至少落后5年，西部地区比东部地区落后10年。在未来的5—10年里，中西部地区或达到东部地区现有的发展水平和生活水平，对于投资的需求量和本身所释放的消费量都将是巨大的。

三是中国仍处在消费结构升级的关键阶段。居民消费结构正在由简单的吃、穿生存型消费向住、行、教育、旅游等发展型和享受型消费过渡。同时，信息消费也蕴藏着巨大的发展空间。因此，消费成长的空间较大。近年来，房地产和汽车的销售比较出众，但从耐用消费品的拥有量来看，消费空间仍然很大。

四是企业改革创新的步伐继续加快。创新带来新活力，改革释放新红利。2013年以来，国务院已出台多项立足当前、着眼长远的措施，为经济发展注入了新的动力和活力。

盛来运强调，以上情况能够充分说明中国经济后期的发展仍然具有保持平稳较快增长的潜力和条件。当然，潜力的可能性要变成现实，必须要通过艰苦的努力和扎实的工作。所以这更要求我们按照党中央、国务院的决策部署，坚持调结构、转方式，通过改革来促进调整，通过调整来促进发展。中国经济可以完成预期发展目标，并且有条件保持可持续健康的发展，中国经济的明天会比今天更美好。

“区间论”首次写入政府工作报告

“区间论”“两限论”，实际上是对中国经济政策取向的精准把握。2014 年 3 月，“区间论”相关内容首次写入政府工作报告。而李克强如此坚定不移强调上限、下限问题，表明其对当前经济形势是沉得住气的，是能够随时出手的，甚至不排除随时会有相关刺激政策的出台。因此，即使经济数据日趋接近底线，只要不突破就业（包括收入）这一底线，新的刺激投资的政策就决不轻易出台。例如，在 2013 年 4 月 25 日中央政治局分析第一季度经济形势时，还没有“下行压力”之类的说法，但到广西会议时的说法就已折射出相当程度的压力。但“调结构”“促转型”丝毫没有放松，新华社发出的座谈会讲话的新闻通稿，则冠之以《统筹推动稳增长调结构促改革完成全年经济社会发展主要任务》标题。

新华网 2013 年 7 月 12 日头条《中央经济政策从未改变》的评论说，李克强总理的三次基层调研，反复提及保持宏观经济政策的稳定性，传递中央政策从未改变的信号。同时，外媒也称中国政府仍对当前方针坚定不移，认为增长的持续放慢是一个积极的信号，证明了北京愿意忍受短期痛苦，以便促使国家走向一种更加可持续的、稳定的长期经济，继续出台新的温和持续政策的可能性不大。

当然，非要说中央有政策调整的动向，也是一种合理的理解，而这种政策调整又是一种被“克强经济学”认可的调整，那就是由原来的投资刺激向消费刺激转变。虽然原来刺激投资是一种增长，但越刺激越形成过多的产能和后遗症，现在的消费刺激，则是另外一种增长，是一种良性增长，着眼点是消化产能过剩，也是目前转变经济发展方式的重要路径。2013 年 7 月 12 日，国务院常务会议研究部署加快发展节能环保产业，促进信息消费，拉动国内有效需求，推动经济转型升级。2013 年

7月15日，香港《大公报》刊载《稳增长绝非重走老路》文章也指出，国务院总理李克强提出“两限论”，其目的是使经济运行在这样一个合理区间内，给产业结构调整、金融去杠杆、体制改革等创造一个良好的环境，即以社会可以容忍的最低限度增长来保障转型成功，而非走依靠投资驱动保持经济高增长的传统模式。

地方政府对经济下行尚难容忍

李克强提出“两限论”，但对于地方来说，还没有放松那根绷紧的弦。相反，在一些地方，保增长仍然比调结构显得更为重要。例如，《中国经济时报》2013年5—6月对百名地方官员的调查显示，高达84%的受访官员对2013年下半年中国经济“谨慎乐观”，非常乐观的只占12%。在此背景下，当年召开的各省区上半年经济形势分析会，也大都强调要在下半年扩大投资，甚至提出要千方百计扩投资，努力保持固定资产投资的高位态势。

就上限与下限的问题，香港《大公报》援引经济学者观点表示，对于地方政府而言，提到保下限，很容易把力保GDP当作头号重任，以政府主导投资方式出台短期刺激政策。由此看来，一些地方的工作部署，显然与中央的政策安排不相符合。为此，7月16日，李克强主持召开经济形势座谈会，听取专家和企业负责人的看法和建议，他特别强调，当经济运行保持在合理区间内，要以转变经济发展方式为主线，以调结构为着力点，释放改革红利，更好发挥市场配置资源和自我调节的作用，增强经济发展活力和后劲；当经济运行逼近上下限时，宏观政策要侧重稳增长或防通胀，与调结构、促改革的中长期措施相结合，使经济运行保持在合理区间。在这里，李克强列出了中国经济运行的两种情况，并分别给出了明确的政策导向，同时也说明中央决策层不仅对经济严重下滑有心理准备，而且也有比较大的容忍度，其目的只有一个，那就是全力打造经济升级版，也告诉地方政府在决策时不能犹豫不决，而要坚决走新的增长道路。

从地方的情况看，在2013年年内召开的四川省经济形势分析专题会议上，省长魏宏表示，上半年全省经济运行总体平稳，但下行压力加大，经济增长存在失速风险，各地各部门对此要有清醒认识，把稳定经济增长、加大投资力度、促进居民增收等放在更加重要的位置。魏宏要求，针对当前经济运行中存在的主要困难和问题，从稳定投资、促进工业、刺激消费、扩大开放、就业增收等方面，创新思路、研究制定行之有效的政策措施，努力保持经济平稳较快增长，确保实现全年各项目标任务。湖南省委书记徐守盛表示，把全省上下的注意力和主要精力吸引到抓经济建设上来，全力以赴稳增长、调结构、促改革，确保完成或超额完成全年目标任务。陕西省省长娄勤俭表示，把稳中求进作为首要任务，继续加大保工业、扩投资、促消费工作力度。湖北省政府常务会议提出的5项措施中，其中，一要抓企业、强产业；二要抓项目、扩投资。云南省副省长丁绍祥表示，“1个亿的高速公路建设投资，可以拉动4个亿的相关投资，创造1800个就业岗位，交通等基础设施建设对经济发展的拉动作用明显，继续扩大投资将对完成全年目标任务奠定坚实基础”。他要求，要确保对铁路、公路、机场建设和保障性住房建设的投入，并发挥好烟草产业对全省经济发展的支柱作用，支撑全省经济稳中求进、稳中有为。

鉴于2013年的经济形势，进入2014年后，大多数省级政府工作报告都调低了地区生产总值增长率，而扩投资、保工业依然成为主要手段。发展才是硬道理，只有在发展中才能解决问题。在中央政府着力调结构、稳增长的政策取向下，各地既要提高发展质量，又要快速转变经济增长方式，确实是“压力山大”。

新一届政府执政一年关键词

从2013年3月15日以来，在以习近平为总书记的党中央领导下，新一届政府在机构调整、经济、民生及金融方面的施政方针日渐清晰。时间虽短，却不难看出，改革全面进行中。

2013年年中，银行“钱荒”与央行拒不“放水”，将舆论焦点再次集中于李克强及其带领的新一届政府的金融政策上。2014年3月3日，李克强在他的第二个记者会上再次畅谈改革决心，“干一寸胜过说一尺”，新一届政府的改革方略和施政目标已经相当明晰。“让市场在资源配置中发挥决定性作用”成为本届政府执政关键词。

打造中国经济升级版

治理产能过剩

“坚决完成遏制产能严重过剩行业盲目扩张等硬任务。”

——李克强 2013年5月13日 全国电视电话会议

2013年5月13日，国务院召开全国电视电话会议，动员部署国务

□ 李克强履新以来国务院常务会议主题

2013年12月4日

部署全面改善贫困地区义务教育薄弱学校基本办学条件，决定将铁路运输和邮政服务业纳入营业税改征增值税试点，围绕落实审批制度改革通过修改一批法律的议案，决定修改部分行政法规

2013年11月13日

部署深入贯彻党的十八届三中全会精神，要求进一步抓好2013年年度改革任务落实，全面深化改革，使经济社会发展更有效率、更加公平、更可持续

2013年9月6日

研究部署有效落实引导民间投资激发活力健康发展的措施

2013年8月21日

决定出台严格控制新设行政许可的措施，再取消一批评比达标表彰评估项目，听取对中央企业监督检查情况的汇报

2013年7月12日

研究部署加快发展节能环保产业；促进信息消费拉动国内有效需求；推动经济转型升级

2013年7月3日

部署审计后整改工作，研究激活财政存量资金，通过《中国（上海）自由贸易试验区总体方案》和《中华人民共和国外国人入境出境管理条例（草案）》

2013年6月19日

研究部署金融支持经济结构调整和转型升级的政策措施；决定再取消和下放一批行政审批等事项

2013年6月14日

部署大气污染防治十条措施；研究促进光伏产业健康发展

2013年5月31日

研究部署进一步加强婴幼儿奶粉质量安全工作；围绕转变政府职能通过一批法律修正案草案和废止、修改部分行政法规的决定

2013年5月6日

研究部署2013年深化经济体制改革重点工作；决定再取消和下放一批行政审批事项

2013年4月3日

部署开展现代农业综合配套改革试验工作

2013年3月27日

研究确定2013年政府重点工作的部门分工

2013年3月18日

重点研究推进政府职能转变事项

资料来源：据媒体公开报道综合整理

院机构职能转变工作。李克强在会上强调，要增强宏观调控的针对性、有效性和权威性，遏制产能严重过剩。

2013 年 6 月 8 日，李克强在河北主持召开环渤海省份经济工作座谈会时表示，要分门别类抑制和消化严重过剩产能。

打造经济发展新引擎

“做好当前经济工作，关键要在稳定宏观经济政策中有所作为，创新宏观调控方式，激发市场活力。”

——李克强 2013 年 6 月 8 日 环渤海省份经济工作座谈会

2013 年 3 月 27 日至 28 日，李克强到江苏、上海考察时，同意并推进建立上海自贸区，从而使上海、长三角、长江流域形成改革开放新格局，以自贸区建设构建新引擎。

2013 年 5 月 28 日，李克强出席了国际服务贸易交易会北京峰会，要求加快推动服务贸易发展，推动现代服务业成为经济增长的新引擎。

2013 年 6 月 7 日至 8 日，李克强到河北考察时，提出加快环渤海地区一体化建设，也是打造中国经济增长的另一新引擎。

深化财税制度改革

2013 年 4 月 10 日，李克强主持召开国务院常务会议，决定进一步扩大营业税改征增值税试点。

一、扩大地区试点，自 8 月 1 日起，将交通运输业和部分现代服务业“营改增”试点在全国范围内推开，适当扩大部分现代服务业范围，将广播影视作品的制作、播映、发行等纳入试点。二、扩大行业试点，择机将铁路运输和邮电通信等行业纳入“营改增”试点。力争“十二五”期间全面完成“营改增”改革。

舌尖上的安全：牢筑食品安全防线

2013 年 1 月 23 日，当时还是副总理的李克强在国务院食品安全委员会第五次会议上强调，要“牢筑食品安全防线”，确保人民群众“舌尖上的安全”。

2013 年 5 月 6 日，李克强主持召开国务院常务会议，决定 2013 年要建立最严格食品药品安全监管制度。

2013 年 5 月 13 日，李克强主持召开国务院机构职能转变动员电视电话会议，特别强调要严格监管，严厉打击食品安全违法行为，重拳方有效、重典才治乱，决不能再出现奶粉那样的信任危机。下一步将重点推动食品工业振兴，打造优质国产品牌，增强消费者信心。

2014 年 3 月 13 日全国两会记者会上，李克强再次强调要确保“舌尖上的安全”。

城镇化：释放中国经济最大的潜力

2013 年 3 月 27 日，李克强在江苏江阴新桥镇进行调研。李克强肯定了新桥镇的“三集中”。

2013 年 4 月 3 日，李克强主持召开国务院常务会议，部署开展现代农业综合配套改革试验工作。包括创新农业生产经营体制，改革土地管理制度等 9 项内容。

2013 年 6 月 26 日，李克强主持召开国务院常务会议，研究部署加快棚户区改造，继续做好房地产市场调控。

2014 年 3 月 16 日，新华社发布中共中央、国务院印发的《国家新型城镇化规划》，明确提出要努力走出一条以人为本、四化同步、优化布局、生态文明、文化传承的中国特色新型城镇化道路。

简政放权：把错装在政府身上的手还给市场

削减行政审批

2013 年 3 月 17 日，李克强在第十二届全国人民代表大会第一次会议上谈行政审批时表示，现在国务院各部门行政审批事项还有 1700 多项，本届政府下决心要再削减三分之一以上。

2013 年 6 月 19 日，李克强主持召开国务院常务会议，决定再取消和下放 32 项行政审批等事项。

从 2013 年二季度开始，国务院“放权”按时间表有条不紊展开：4 月 24 日，国务院第一批取消 71 项行政审批事项；5 月 6 日，再取消和下放 62 项行政审批事项；6 月 19 日，第三批取消和下放 32 项行政审批事项。在 2014 年全国两会上，李克强宣布，国务院 2013 年分批取消和下放的行政审批事项达到 416 项。超额完成预定目标。

削减、约束政府开支

2013 年 3 月 17 日，李克强履新以来首次答记者问。李克强就削减政府开支约法三章：本届政府任期内，一是政府性的楼堂馆所一律不得新建；二是财政供养的人员只减不增；三是公费接待、公费出国、公费购车只减不增。这三条中央政府要带头做起，一级做给一级看。

2013 年 6 月 17 日，李克强赴国家审计署考察。他强调，管好国家大家业，审计监督一定要跟上，越是减少行政审批，越要加强事中和事后监管。要用“火眼金睛”看好国家钱财，当好公共资金守护者。

金融：推进金融领域改革、整治金融市场

2013 年 5 月 24 日，李克强主持召开国务院常务会议，推进金融领域改革，打破惯性，未对银行“钱荒”放水。

会议提出要优化金融资源配置，用好增量、盘活存量、支持经济转型升级。推动民间资本进入金融业。鼓励民间资本参与金融机构重组改造，探索设立民间资本发起的自担风险的民营银行和金融租赁公司、消费金融公司等。加快发展多层次资本市场。将中小企业股份转让系统试点扩大至全国。扩大债券发行逐步实现债券市场互通互融。

2013 年 6 月 8 日，李克强在瑞士发表题为《携手迈向中瑞务实合作的新未来》的演讲，表示要坚定不移推进金融市场化改革。

2013 年 6 月 19 日，李克强表示要通过激活货币信贷存量支持实体经济发展，这被认为是不会放松货币政策的信号。

从 2013 年 5 月 24 日到 2013 年 6 月 19 日，李克强三提“盘活存量”。有经济学家认为，中国目前出现的信贷紧缩是李克强领导的经济团队在给中国银行业做外科手术，局面仍在央行的控制之中。

环境：部署大气污染防治十条措施

2013 年 6 月 14 日，李克强主持召开国务院常务会议，部署大气污染防治十条措施。

一是减少污染物排放。二是严控高耗能、高污染行业新增产能。三是大力推行清洁生产。四是加快调整能源结构。五是强化节能环保指标约束。六是推行激励与约束并举的节能减排新机制，加大排污费征收力度。七是用法律、标准"倒逼"产业转型升级。八是建立环渤海包括京津冀、长三角、珠三角等区域联防联控机制。九是将重污染天气纳入地方政府突发事件应急处理。十是树立全社会"同呼吸、共奋斗"的行为准则。

随着一系列政策措施密集出台，我们看到在中国经济发展的关键时刻，中央政府胸有成竹，沉着应对，以极大的勇气和智慧，既着眼当前，又谋划长远，推动着中国经济的转型升级。而在这一过程中，"有效稳增长，着力调结构，不断改善民生，持续稳中有为"，成为本届政府对宏观经济调控一以贯之的政策取向。

在中国经济发展"爬坡过坎"的关键阶段，面对中国经济转型升级这场"硬仗"，我们看到，新一届政府在"稳增长"方面保持了政策的一贯性；在"调结构"方面保持了政策的一贯性；在"惠民生"方面同样保持了政策的一贯性。

新一届政府科学地处理了稳定、改革和发展的关系：稳定不是不动，而是稳中有进、稳中有为；改革不能停滞，要为发展不断提供动力源；发展不是低水平量的增长，而是螺旋向上的发展。只有这样，才能更好地既利当前又利长远，既有效地应对好短期问题、保持经济合理增长速度，又更加注重提高发展的质量和效益，有效破解当前结构调整中的难题，化解经济运行中的深层次矛盾，为中国经济转型升级和持续健康发展提供有力保障。

2014 年全国两会上，李克强在政府工作报告中正式提出向雾霾等污染"宣战"。

□ 李克强施政言论摘录

2013年10月21日

在中国工会第十六次全国代表大会上

发展经济的根本目的是造福人民。要切实维护劳动者合法权益，高度重视农民工问题，解决好关系群众切身利益的养老、医疗、低保、住房等基本保障问题，创造更多的就业创业机会，让广大劳动者共享改革发展成果。

2013年9月11日

在大连2013夏季达沃斯论坛开幕式上

中国的发展要依靠改革，也离不开开放。要坚定不移推进改革开放，着力激发市场活力。

2013年9月7日

听取两院院士及有关专家城镇化研究报告时

城镇化是一个复杂的系统工程，必须广泛听取意见建议，科学论证，周密谋划，使实际工作趋利避害。当前，要选择棚户区改造等已经形成共识的重点领域，一步一步加以推进。

2013年9月3日

在南宁参观中国—东盟博览会展馆时

当前在提升长三角、珠三角、环渤海等东部沿海发展层次和质量的同时，特别要做好内陆开发开放这篇大文章。这也是我国未来发展的最大回旋余地。从现阶段各方面条件看，着力打造东北老工业基地、中西部沿长江区域、西南中南腹地三大新的经济支撑带是必然选择。

2013年8月29日

在国家科技教育领导小组第一次全体会议上

持续发展经济、不断改善民生、促进社会公正是本届政府的三大任务，教育公平具有起点公平的意义，是社会公平的重要基础，可以使人们通过自身努力，提升参与平等竞争的能力，这有助于促进社会纵向流动。

2013年7月9日

在广西主持召开部分省区经济形势座谈会

我国正处于必须依靠经济转型升级才能持续健康发展的阶段，统筹推动稳增长、调结构、促改革十分重要。宏观调控要立足当前、着眼长远，使经济运行处于合理区间，经济增长率、就业水平等不滑出“下限”，物价涨幅等不超出“上限”。在这样一个合理区间内，要着力调结构、促改革，推动经济转型升级。

2013年6月5日

在人民大会堂会见美国前财长保尔森

转变政府职能是深化改革的重要举措，关键是处理好政府与市场、与社会的关系，把该放的权真正放开放到位，更多发挥市场机制作用，激发创业创新活力和内生增长动力；把该管的事切实管住管好，加强市场监管，提高政府效能。

2013年5月29日

出席全球服务论坛北京峰会

面向未来，中国将进一步发展服务贸易，扩大服务领域对外开放，并以此促进国内改革发展和经济转型，促进与各国在服务贸易领域实现互利共赢。我们将着力扩大服务贸易的规模；大力促进服务领域相互投资；构建公平竞争的服务贸易市场环境。

2013年3月29日

在上海召开部分省市经济形势座谈会

要立足当前、着眼长远，用勇气和智慧推动转型发展，打造中国经济升级版，这对稳增长、增后劲具有双重作用，是现代化必由之路。没有这种积极主动的“升级”，发展也难以稳住、更难持续。

2013年3月17日

在人民大会堂与中外记者见面

不是说政府有错位的问题吗？那就把错装在政府身上的手换成市场的手。这是削权，是自我革命，会很痛，甚至有割腕的感觉，但这是发展的需要，是人民的愿望。我们要有壮士断腕的决心，言出必行，说到做到，决不明放暗不放、避重就轻，更不能搞变相游戏。

资料来源：据媒体公开报道综合整理

“克强经济学”牢牢把握住了经济工作主动权

尽管不同学者的总结归纳各不相同，但对“克强经济学”的核心内涵大致存有共识。民生证券研究院副院长管清友是较早对李克强的经济政策进行梳理、总结的一位研究者。他在最新专栏文章中称，新一届政府的政策特征，表现为金融上去杠杆，经济上去产能，简政放权，理顺中央与地方关系。他认为，也许现在国务院所做的去杠杆、去产能、调结构、促转型，会成为中国改革开放以来的第三次闯关。他解释，闯关首先是顶住经济连续下台阶的压力，坚持不搞财政刺激，以控制政府债务的过度扩张；其次，顶住出口数据恶化的压力，坚决打击虚假贸易套利，以促进资本向实业渗透；最后，顶住银行流动性紧缩的压力，坚决规范银行理财业务，坚持不盲目放货币，以防止金融风险积累发酵。

巴克莱亚洲首席经济学家黄益平提出，“克强经济学”的经济政策框架由三大支柱搭建：无大规模刺激计划、去杠杆化、结构性改革。财新网 2013 年 7 月 9 日发表文章综合多位学者及观察家的观点指出，上述政策的推行，既有牺牲短期经济增速的阵痛，也难免带来长期剧痛。如何看待新政府倡导或正在施行的政策？一些研究者认为，其短期阵痛即牺牲一定的增长速度。英国《经济学人》在比较“克强经济学”与“安倍经济学”时提出，前者有很多让人欣赏的地方，尤其是结构性改革，但三个支柱的实施都会是痛苦的。

对于无大规模刺激，该刊的评论称，“刺激”在当下中国已经变成了一个负面的字眼。这一抵触情绪同美国类似，但在美国，刺激政策令人失望是由于其规模太小；在中国，很大程度上是因为过去 5 年的刺激规模过大。该刊评论为此建言，在中国人所熟谙的固定资产投资之外，减税、加大社会保障支出等其他类型的“刺激政策”仍然可有助于中国经济增长。“虽然李克强总理原则上支持这两种措施，但当前很多中国国内人士认为任何刺激都有悖于改革的方向。”

北京大学教授佩蒂斯在《外交政策》上撰文指出，中国7%的GDP增长在没有投资刺激的情况下很难实现。他称，完全由消费支持（没有投资和出口）的增长模式仅能提供3%—4%的年GDP增长。但更糟的是，在投资大幅下降的情况下，很难说目前的消费增长水平是否能维持。“如果中国能够很好地处理放慢的投资速度对于就业的负面影响，或许可以让收入和消费保持目前的增长水平，但这已经有相当难度。”

此外，《经济学人》提到，中国目前并不是一个过度消费的国家。它仍然有巨大的经常项目盈余，这表明国人消费小于国内产出。与此同时，国内需求不足，通胀指数（CPI）仍然维持在较低水平。这些事实表明，国际国内需求并没有对中国的生产性资源产生足够的需求压力。因此，中国不应该减少支出，而是需要采取不一样的支出模式，以防经济在短期内跌落到单季增长3%或以下。

在经济增速下滑过程中，金融业要去杠杆，企业要去杠杆，而经济要转型，此时，决策者能否忍受这一状况的持续？为此，英国《金融时报》David Keohane提出，“同‘安倍经济学’一样，‘克强经济学’的命运取决于在推进长期结构性改革的同时有效地管理短期政策的影响。”

管清友认为，“克强经济学”作为一种政策思路和权衡，不是一成不变的。

经济转型从来没有平坦之途，调结构的痛苦总是比想象的大。当前的困难甚于1998年，因为现在的经济规模是那时望尘莫及的，现在也不可能再靠别人拉中国出泥潭；而内部改革，利益集团的阻力之大前所未有。故此，他设问：政府做好了长痛剧痛而非阵痛的准备了吗？

不过，学者及观察家们也表示，正因为其艰巨性，大家才对“克强经济学”充满期待。

2013年7月16日，李克强主持召开经济形势座谈会，听取专家和企业负责人的看法和建议。这也是继2013年7月9日在广西主持召开部分省区经济形势座谈会以来，李克强一周内主持召开的第二次经济形势座谈会。在7月16日的座谈会上，来自研究机构、高校的专家对当前国内经济运行及世界经济形势谈了看法，来自机械、家电、节能、金融等行业的企业负责人反映了生产经营状况、存在的问题和建议。大家认为，当前中国经济总体平稳，转型升级有新的进展，但也面临一些难题和风险。李克强说，从国内外实践看，经济运行出现一定波动，有客观必然性。宏观调控的主要目的就是要避免经济大起大落，使经济运行保持在合理区间。中国经济已步入新的发展阶段，必须更加注重依靠转型升级。在这种情况下，使经济运行保持在合理区间，不仅要继续用好已有的行之有效的办法，还要适应新形势，创新思路运用新举措，统筹考虑稳增长、调结构、促改革，形成科学的宏观政策框架，给市场以稳定预期，为发展营造良好环境。

2013年12月3日，中共中央政治局召开会议，分析研究2014年经济工作。会议强调，中国发展面临的国际环境和国内条件都在发生深刻而复杂的变化，挑战和机遇并存。经济发展长期向好的基本点没有变，具有不少新的有力支撑和难得机遇。特别是党的十八届三中全会对全面深化改革做出总体部署，将进一步激发发展的内生动力和活力。同时，要清醒认识面临的风险和挑战，增强忧患意识，坚持底线思维，抓住发展机遇，搞好统筹兼顾，牢牢把握经济工作主动权。会议提出，要用改革的精神、思路、办法改善宏观调控，科学把握宏观调控政策框架，保持政策连续性和稳定性。要抓好对中央改革总体部署的落实，积极推进重点领域改革，着力增强发展内生动力。

中国经济“三期叠加”：换挡期、阵痛期、消化期

“拐点”“换挡”“经济增长阶段转换”……近两年，关于中国经济的新的表述和判断层出不穷。特别是进入“十二五”承上启下的关键之年以来，中国经济正面临着近年来少有的错综复杂局面，前所未有的呈现出增长速度换挡期、结构调整阵痛期、前期刺激政策消化期“三期叠加”的阶段性特征。准确把握这种阶段性特征，避免对经济形势出现误判，宏观调控才能有的放矢、准确到位。

目前，各级各部门“十二五”规划中期评估正在进行之中，以此为基础，2014 年将是“十三五”规划制定的全面启动之年。在这两个规划相交的历史节点上，2013 年 11 月召开的党的十八届三中会进行了全面推进改革的战略部署，以此为标志，一个全面改革的新周期已经开启。

冲破迷局：准确把握当前中国经济“三期叠加”的阶段性特征

中国经济正面临着近年来少有的错综复杂的局面。这从经济运行中的一些重要指标关系出现的新变化可见一斑。

从传统的统计数据和分析方法来看，当前经济运行的有些指标是相互不匹配、不同步的。比如经济增速虽逐步放缓，但城镇新增就业总体平稳；工业用电量增速较低、铁路货运量略有下滑，但工业增速仍然相对较高；财政收入增幅回落大于经济增幅回落。再比如，货币信贷增速相对较高，社会融资规模增长也比较快，但经济增速却逐步回落。这些数据的不匹配看似不好理解，但综合各方面因素来看，这正是由于中国经济面临着前所未有的复杂局面，呈现出新的阶段性特征所决定的。

那么，什么是当前中国经济的阶段性特征？有分析认为，中国经济正处于增长速度换挡期、结构调整阵痛期、前期刺激政策消化期叠加的阶段，加上世界经济还处于深度调整之中，使中国经济发展的内外环境更趋复杂。准确把握这种阶段性特征，避免对经济形势出现误判，宏观调控才能有的放矢、准确到位。

增长速度换挡期：能容忍降速，但不能过度失速

改革开放 30 多年来年均近 10% 的持续高增长，把中国经济推上了世界第二大经济体的位置。随着国民经济总量等基数增大，支撑经济发展的人力资源、自然资源以及制度安排和经济政策等要素正在发生变化，中国经济增长速度开始逐渐下降。继 2007 年经济增速达到

11.9% 的相对高点后，2008 年至 2012 年中国经济增速分别为 9.6%、9.2%、10.3%、9.3%、7.8%，再到 2013 年增长 7.7%。由此，中国经济从 10% 以上的超高速增长模式转型为中速增长模式，开始进入增长速度换挡期。

随着中国经济结构调整的深入推进、经济增速放缓，一些人士惊呼中国经济“遇到了大麻烦”，诺贝尔奖获得者经济学家保罗 · 克鲁格曼撰文直言，中国经济“撞上了长城”。毫无疑问，近年来中国经济增速在放缓，但仍然会保持一个较长期的中速增长。事实上，中国“十二五”规划提出的年均经济增速预期目标为 7%，2013 年政府工作报告提出的全年经济增速预期目标为 7.5%，中国经济已经主动放弃了高速增长的模式，贯穿和体现了一种中速增长的思维，这既符合经济发展的宏观规律，也符合中国经济结构调整和转型的内在逻辑。而在世界经济增长动力仍显不足、国内结构调整不断深化的大背景下，“七上八下”的经济增速对世界经济的复苏仍然是好消息，仍然是正能量。

现在的问题是，中国经济进入增速换挡期，社会预期的信心支撑就变得尤为重要。前不久，国务院有关宏观调控要使经济运行处于合理区间，经济增长率、就业水平等不滑出“下限”等讲话表明，中国政府不会坐视短期经济大幅下滑。从目前看，中国经济仍具有保持平稳较快增长的潜力和条件，除了政府钱袋子仍相对充足、CPI 企稳、PPI 同比跌幅收窄外，利好长远发展的政策组合拳也正密集出台，制度改革的红利将持续释放。在这个背景下，2013 年 7 月的工业、投资、出口和 PPI 数据都出现了止跌的态势。因此，包括发改委人士、投行学者乃至海外媒体的各界声音显示，中国经济有望在三季度触底企稳，四季度回升，而 2013 年的最终数据也证实了这一分析，充分体现了中国经济的抗跌能力。

2013 年 9 月 10 日，李克强在大连同出席第七届夏季达沃斯论坛的中外企业家代表举行对话交流时，回应了国际社会对中国经济发展长期前景的担忧。他表示，受国际国内多种因素影响，中国经济出现了放缓的情况，特别是2013年一季度和二季度，下行压力较大。但是，我们坚持稳中求进的总基调，在稳定宏观经济政策的同时，把稳增长、调结构、促改革统筹起来。可以说，最近一段时间，尤其是8月主要经济指标包括一些先行指标，像PMI、PPI、工业增加值、用电量、货运量等，都出现了回升向好的势头。

在经济下行压力加大的时候，有一种选择是调整宏观经济政策，增加赤字，放松货币，这可能会起到短期效果，但是对长期未必有利。我们的选择是另外一种，就是保持定力，沉着应对，综合施策，精准发力。特别是突出释放改革的红利，激发市场的活力，着力调整经济结构，转变发展方式，使它们和稳增长有机地结合起来。应该说这些举措目前已经见到成效。未来我们在经济发展中还会遇到这样或那样的风险与挑战，但是，我们有克服困难的勇气，解决问题的智慧，更有13亿人民的勤劳。我们有能力，也有信心克服前进道路上一个又一个的困难和挑战，实现中国经济长期持续健康发展。

如果说，我们当前用的是“站稳脚跟”的力量，我们的思想和精力、眼光更是朝着前方，向着未来5年、10年乃至更长时间。中国要实现长期持续健康发展有三个基本的条件：第一，中国是一个13亿人口的大国，工业化和城镇化远未完成，内需尚有巨大的潜力，将会持续地释放，发展由东向西循序推进，中国有着巨大的回旋余地。第二，中国在发展中的确还存在着不少体制机制上的障碍，改革依然是我们未来发展最大的红利。潜力在一定意义上是由差距形成的，也可以说，差距就是潜力。我们通过释放改革红利会激发市场巨大的活力和长期发展的内生动力。第三，中国的经济结构还存在着不平衡、不协调、不可持续的问题。经

专栏

银行密集“输血”地方经济　政策刺激信号强烈

2013年8月，中国农业银行向上海市政府提供2500亿元的信用贷款，引来业界“新一轮财政刺激”的解读。有消息称，这些贷款将用于迪士尼乐园项目以及支持实施上海自由贸易区所涉城市改造和升级工作。据媒体报道，上述支持只是农行对上海六大领域金融扶持的一部分，双方在2013年8月6日签订了协议。有外媒引述消息人士称，农行向上海市发放的这笔巨额贷款相当于上海2012年GDP的12.5%，即大约人民币2478.7亿元。

与此同时，国开行也动作频频，在十几天里，先后与江苏、河北、青海等多省政府签署合作备忘录，加大对这些省份的支持力度。作为以发债为筹资主渠道的债券银行，国开行是仅次于财政部的第二大发债体，又有“第二财政部”之称。近期，除了密集与各省政府签署战略合作协议，诸多地级市与国开行省分行也步入了“热恋期”。

相关专家表示，如果说农业银行与上海的合作是商业行为，那么以国开行为主的政策性银行向地方发放贷款，则更体现了财政刺激经济属性。银行对地方大规模的支持，或与中央政策的导向有关。2013年7月，国务院出台《关于金融支持经济结构调整和转型升级的指导意见》，要求更好地发挥金融对经济结构调整和转型升级的支持作用，持续加强对重点领域和薄弱环节的金融支持。随后，国务院办公厅又发布《关于金融支持小微企业发展的实施意见》，以加大对小微企业金融服务的政策支持力度。

资料来源：据媒体公开报道整理

济结构优化是我们的重大课题，也是发展的潜力所在。通过优化结构，我们可以提高经济增长的质量与效益，从而有利于增加人民的收入，刺激消费，为中国经济的长期发展提供巨大的需求与动力。李克强特别强调，正因为有这样的信心，所以我们面对严峻的挑战，权衡利弊，沉着冷静地采取既利当前更利长远的措施。

结构调整阵痛期：要扶持一批，也要淘汰一批

中国经济降速换挡，是主动调控、重塑中国经济的“必要成本”。正如国家统计局新闻发言人盛来运所说，中国经济增速回落主要是因为进入结构转型阶段后潜在生产率下降的客观反映，受到国际环境仍然复杂严峻的影响，以及中共中央、国务院主动调控的结果。2013年8月8日，阿根廷国际战略研究所所长豪尔赫·卡斯特罗在接受新华社专访时表示，中国当前经济增速放缓，并非周期性因素所致，而是产业升级和结构调整的必然现象。长期来看，这种放慢增速、提高质量的政策有利于中国经济长期健康发展。

产业结构调整给中国带来了重大机遇，并最终将转化为推动经济持续健康发展的动力和源泉，形成有利于增强经济发展的后劲。2013年以来，国家已出台了一系列调结构的政策措施。如“营改增”试点全面推开，财税体制改革推动产业结构调整；加快推进棚户区改造、促进信息消费、扶持光伏产业、促进环保产业发展等，并初见成效。

当然，经济结构调整必然面临阵痛。在传统产业日渐衰落、落后企业不断淘汰的同时，新兴产业和创新企业的发育充满艰辛。特别是为了化解过剩产能，优化产业结构，一些行业难免受到较大冲击，有些企业甚至会退出市场，这些不得不付出的代价就是结构调整中的“阵痛”。对于处在转型升级关键时期的中国经济来说，结构调整是大势所趋，必

须痛下决心。2013 年 8 月 14 日，工信部部长苗圩在接受《经济日报》专访时提出，在稳增长方面，将积极地鼓励、促进信息消费，更多地用消费来拉动整个经济的增长，国务院马上要出台一个新的方案来鼓励信息消费。第二天，国务院正式发布《关于促进信息消费扩大内需的若干意见》，推出了一系列含金量很高的扶持政策。在调结构方面，正在制定关于调整过剩产能的实施意见，下半年将陆续公布后两批淘汰落后产能名单。下一步，将加大企业兼并重组的力度，加大自主创新支持调整结构的力度。

结构调整是一场攻坚战和持久战，会引发种种“阵痛”，但调整也是机遇，早调早受益。调整得越及时，就越能为经济转型发展赢得时间。产能过剩是个老问题，但放到当前“三期相叠加”的大背景下观察，又有一些新表现。这一轮产能过剩既有结构性特点也有全面性特点，既有传统产业也有新兴产业，既有落后产能也有先进产能，同时部分行业产能由相对性、阶段性过剩转向绝对性、长期性过剩。因此，着力化解产能过剩，是当前经济工作中一项极为迫切的任务。目前，调整中的机遇正在变成现实，一些地方和企业主动调整的意识明显增强。例如，广东省近两年加快“双转移”步伐，加快结构调整，形成了新型显示、软件、新材料和新一代通信等几个年产值超千亿元的新的经济增长极。而作为经济体量第二的江苏省，2013 年 8 月 7 日省政府召开的新闻发布会提出，下一阶段将坚持把化解产能过剩矛盾作为产业结构调整的重点，正抓紧制订实施具体方案，对产能过剩行业“消化一批、转移一批、整合一批、淘汰一批”。而福建省财政支持的重点也放在了结构调整上，鼓励新兴产业企业通过发行股票等方式进行融资，推动优势企业实施强强联合、跨地区兼并重组。

专栏

李克强谈金融改革

2013年9月10日下午，国务院总理李克强在大连国际会议中心与出席第七届夏季达沃斯论坛的中外企业家代表举行对话交流。以下是他的讲话：中国30多年的改革一直是渐进式、探索式的前进，我们也因此使中国经济，包括中国的金融业能够稳健而又具有相当速度地向前发展。中国经济改革必然要包含金融改革。我们推进金融改革的决心是坚定的。首先，我们将继续推进利率的市场化。我们取消了贷款利率的下限，这只是利率市场化进程中的一步，还会继续往前走。其次，我们还将推进资本市场的多元化发展。因为就中国整体来讲间接融资比重较高，融资的渠道还不够丰富。所以，我们还要继续推进这方面改革。如前不久我们推出了扩大信贷资产证券化试点的措施。最后，我们还要继续推进金融领域的对内对外开放。比如我们正在进行村镇银行的试点。同时，我们也会继续推进人民币资本项下的可兑换。目前，我们已经发展了人民币的离岸业务，还会有更多的选择。当然，改革的进程要与中国经济的实力、金融体系的成熟程度和我们的监管能力相匹配。

前不久我访问了瑞士，瑞士的金融界向我发出了一个比较动听的声音，就是希望在瑞士发展人民币的离岸业务，乃至成为人民币离岸业务的中心。这个建议我们会认真考虑。当然，这也要一步一步地进行。最后，我还想强调一点，改革当中一个重要问题就是要防范金融风险。我们在不断推进监管体系的完善，使它更加科学、规范和有效。而且，我们也正在研究建立存款保险制度。把防范风险的工作做到位了，金融市场化改革的进程就会进一步加快。谢谢！

资料来源：新华网2013年9月11日

前期刺激政策消化期：要清理地方债务，更要防范新的金融风险

2008年国际金融危机爆发后，中国及时采取拉动内需和产业振兴等一揽子刺激政策，4万亿投资推动了经济增长迅速企稳回升，也对世界经济起到了“压舱石”的作用。从2008年年底到整个2009年和2011年年初，刺激政策产生了明显的效果。但从2011年二季度开始，一直到现在，是刺激政策成本的消化期。英国《金融时报》刊发题为《中国仍难消化“四万亿”效应》的文章称，尽管中国可能不会面临“雷曼”时刻那样的戏剧性局面，但它还是需要花数年时间来解决2008年4万亿元人民币刺激计划导致的过度放贷和过度投资问题。

当务之急是消化地方债务。2013年6月，审计署公布的36个地区审计结果显示，截至2012年年底，这些地方政府性债务已高达近4万亿元，比2010年增加4千多亿元。2013年7月18日，美国“汽车城”底特律突然宣布破产引发一片哗然。2013年7月28日，审计署紧急部署组织全国审计机关对政府性债务进行审计。两件事结合在一起，让社会各界对中国地方债风险增添了些许担忧。2013年8月8日，江苏省印发了《关于进一步加强政府性债务管理的通知》，推出了8项防范政府性债务风险举措，并专门成立了省级政府性债务管理领导小组，实行债务扎口管理。从2013年8月1日起，江苏各地、各级行政机关、事业单位举借债务，须报同级领导小组办公室审核，并经同级政府审批后方可实施，并全面实行政府举债审批和余额控制制度。

为此，有关专家根据中央已出台及酝酿出台的政策，提出了一套具有可操作性的综合性化解地方债务方案，主要有八条：一、信贷资产证券化；二、成立地方资产管理公司；三、贷款展期；四、发行长期限城

投债；五、设立民营银行；六、出售地方国有资产；七、发行地方政府债或者市政债；八、中央发行特别国债兜底。

总之，增长速度进入换挡期，是由经济发展的客观规律所决定的；结构调整面临阵痛期，是加快经济发展方式转变的主动选择；前期刺激政策消化期，是化解多年来积累的深层次矛盾的必经阶段。综合各方面因素来看，这正是由于中国经济面临着前所未有的复杂局面，呈现出新的阶段性特征所决定的。

准确判断："十二五"规划中期评估中的改革数据

2013年是"十二五"承上启下的关键之年，从中央到地方都开展了认真细致的中期评估工作。由于中国经济正面临前所未有的错综复杂局面，因此"十二五"中期评估面临着更为复杂的背景，评估本身既是对当前新的形势变化进行准确判断，也是对中国经济进入转型换挡的中速增长期做出及时评价和反映，同时对一些重要规划目标进行适度调整和补充，并着眼于"十三五"规划做好硬碰硬、实打实的有说服力的数据准备。

突出指导性，拿出有说服力的改革数据

"十二五"时期，中国发展仍处于可以大有作为的重要战略机遇期，具备经济持续健康发展的基础条件，但同时中国又进入了经济增速的换挡期、结构调整的阵痛期和前期经济刺激政策的消化期的"三期叠加"

时期。换句话说，中国经济正从长达30年的高速增长进入中速增长阶段，增长动力转换之间，原有竞争优势逐渐削弱、新竞争优势逐渐形成，原有平衡被打破，亟须重新寻找并建立新平衡，进而实现经济增长与潜在增长率相协调，与生产要素的供给能力和资源环境的承受能力相适应，并有效增强中国经济增长的内生动力。鉴于此，各级各部门的“十二五”中期评估普遍将这些问题列为评估的重点，对“十二五”规划纲要中诸如“保持经济平稳增长”“改善产业结构”等结构效益指标完成进度情况进行了评议。很多地方的“十二五”规划实施以来，各项指标均朝着预期目标方向发展，多数指标进展较为顺利，但由于发展环境与“十二五”初期相比发生较大变化，有部分涉及经济增长的指标实现预期目标难度较大。因此，在规划进入中期评估之际，适度调整了经济增长预期，并

□ 部分省市“十二五”中期评估重点一览

省市	重点
上海	创新驱动、转型发展的总体情况，经济建设领域，城市管理和生态文明领域，社会发展领域，改革开放领域，重点区域等
山西	重点分析转方式、调结构、惠民生、促改革各项政策措施的实施进展情况，总结经验和不足，分析成因，提出改进相关工作的政策建议
山西	对“四化”“四个山西”、民生建设、要素支撑等进行重点分析评价，包括重点任务的推进情况，重大工程的实施进度，以及取得的成效、存在的问题及原因等
山西	深入研究“十二五”中后期国内外战略环境变化情况，以及对山西省产生的影响，提出进一步推动规划实施的对策建议
福建	对推进建设东部沿海先进制造业重要基地、发展现代服务业、发展现代海洋经济、构建区域协调新格局、加强社会管理和民主法治建设等重点任务的实施情况进行分析评价
福建	对重大项目是否如期开工、进展程度、资金到位情况等进行分析评价
福建	对政策措施落实情况、取得的成效、存在的问题及原因等进行分析评价

资料来源：部分省级政府网站发布的文件

充分考虑到换挡转型和长期中速增长已经到来的宏观背景，实事求是地进行宏观经济指标的研判，从而制定更有利于产业结构调整的政策，为“创新驱动、转型发展”预留足够空间。

更为重要的是，“十二五”中期评估还着眼于党的十八届三中全会全面深化改革的重大举措，围绕一系列重点改革领域做好评估，拿出了有说服力的改革数据（而非一般经济数据）。2013 年 7 月下旬，习近平总书记在湖北省调研全面深化改革问题时提出，要处理好“五大关系”，解决好“六个问题”，正式为新一轮改革“开题”。五大关系、六大问题明确了改革总体方案的基本框架，“十二五”中期评估围绕这个主题全面召开。比如重点评估“十二五”规划提出的 GDP 和居民收入增长目标，为跳出中等收入陷阱、深化收入分配改革提供新数据。适当调整对经济增长速度的要求和得分权重，更加注重全要素生产率对经济增长的实际贡献，为加快经济结构的调整和发展方式的转变提供新数据支持；更加注重对涉及民生和公共服务方面的规划的评估，按照“守住底线、突出重点、完善制度、引导舆论”的方针，适度提高其在评估中的权重；更加注重人的城镇化的质量的评估，重点测算了真实的城镇化成本的数据，并对人口均衡增长及户籍制度改革拿出有说服力的监测数据，为三中全会后新型城镇化的推进提供科学支持；更加注重生态环境建设方面的评估，将其作为约束性目标，加大其权重，为争创生态文明示范区建设提供依据。

突出针对性，围绕“五个结合”完善科学评估机制

目前，中国五年规划中期评估工作尚在探索阶段。“一五”到“九五”

时期，中国还缺乏系统的规划评估。“十五”时期开始，中国首次尝试规划中期评估。从“十一五”时期开始，中国首次依法进行中期评估，2008年下半年首次聘请了第三方独立评估。但是，第三方评估机构受聘于规划的制定者，这在独立性和客观性上会有所欠缺。为此，在2013年启动的“十二五”中期评估工作中，各级各部门十分重视在工作方法上进行了创新，主要有以下五个方面。

一是全面评估和重点评估相结合。根据党的十八大精神，全面监测各项约束性指标、预期性指标的完成情况。同时，要突出重点，抓住关键，重点监测规划设立的主要经济社会发展指标、重点任务、重点项目中期节点的执行情况，尤其是对国家确立的16项主要约束性指标以及各领域主要预期性指标的执行情况，对应2020年“全面建成”小康社会的刚性目标实施评估。

二是定性评估和定量评估相结合。对有明确指标的目标，在定量的基础上进行定性分析；对无明确指标的目标，采取定性描述与分析，客观分析评估各项目标，其每一年的变化情况等是否均已达到预期目标，找出存在的重点难点问题及原因。

三是静态评估与动态评估相结合。既根据“十二五”规划各项任务指标和时间节点要求，实事求是、全面客观地评价，又紧紧围绕党的十八大提出的新目标新任务，立足当前形势和发展要求的变化，顺时应势，着眼发展，科学研判各项规划施行绩效，明确提出进一步规划、破解难题的对策建议。

四是总体规划评估与专项规划评估相结合。国家各部委、各行业在对国家“十二五”总体规划进行中期评估的同时，也对同步实施的、重点支撑和分解落实该总体规划的国家各类专项“十二五”规划、行业“十二五”规划等进行评估。各省区市在对各地“十二五”总体规划进

专栏

欧盟经济发展规划“三期评估”经验值得借鉴

国际上利用社会科学方法进行评估研究已经有超过半个世纪的历史。从发展历程上看，以评估方法进行研究可追溯至20世纪30年代，当时的社会学家史蒂芬用实验设计方法对美国罗斯福总统的“新社会计划”进行评估，从而使得政策评估开始步入较大规模的系统科学范畴。评估是一个系统过程，通过收集和分析信息来评估国家或组织实现目标的效率或影响力。中期评估可通过反馈，帮助国家或组织了解规划的实用性、效果和可持续性。中期评估的重要性在于能够比较全面地对规划的阶段性实施结果和影响有一个清楚的评价，一方面可以用来总结成功的经验，另一方面也可以对规划的下一步调整有更加清楚的认识。

欧盟自从成立以来，就非常重视强化规划编制和实施过程中的评估评价工作。欧盟形成了较为体系化的评估机制，主要针对与凝聚政策相关的规划进行评估。在20多年的发展过程中，欧盟的评估工作走过了从欧盟对其规划进行评估，到成员国承担对各自规划评估的责任，从前期和后期评估，到前期、中期、后期都进行评估（三期评估）的发展过程。强化成员国的评估责任，提高了其规划管理中的主动性和积极性。加强中期评估工作，则可以发现规划执行中的问题，以便根据环境的变化等因素对于规划目标等进行调整。后期评估，则能够“数量化”地反映规划或政策对经济社会发展确切的影响，从而为今后编制更加科学的规划提供基础。

资料来源：《上海证券报》2013年2月19日

行中期评估的同时，结合评估国务院、国家发改委等部署的各省区市经济社会发展指导意见、各区域（国家级经济区、新区、特区、经济带、开发区、先导区、试验区、实验区、示范区、革命老区等）发展规划、各主体功能区（包括海洋功能区）规划以及本地区各专项规划的执行情况等。

五是自我评估和第三方评估相结合。在自我评估的基础上，一些地方还通过政府购买服务，委托有资质、有信誉、守法律、讲原则的第三方专业审计评估机构、调查统计研究机构、数据处理机构等，分别独立开展专业性监测评估，并独立形成评估报告，为政府部门提供专业决策咨询。

从国家发改委对“十二五”规划中期评估的情况看，评估的重点包括四个方面。一是围绕主题主线进行深入评估，重点分析科学发展和转变经济发展方式取得的实施进展，提出改进相关工作的政策建议。二是对 24 个主要规划指标特别是 12 个约束性指标的实现情况进行了监测评估，包括指标实现的进度、完成五年目标的趋势判断等。其中，对各方面普遍关注的居民收入增长和经济发展同步、单位国内生产总值能源消耗降低等目标实现进度进行重点监测。三是对建立扩大消费需求长效机制、推进基本公共服务均等化、加快城乡居民收入增长等重大政策要求的落实情况进行重点分析。四是对国内外政治经济形势变化对“十二五”中后期中国经济社会发展产生何种影响等进行了分析。

突出前瞻性，为编制“十三五”规划提供新坐标

“十五”时期，中国开始了五年计划的中期评估尝试工作，为党的十六届三中全会提出科学发展观与党中央部署经济社会发展要实现五个统筹提供了重要的决策依据。“十一五”时期，中国首次依法对五年规划进行了中期评估，在百年难遇的世界经济大危机的背景下及时提出了

“扩内需、稳增长”宏观调控的重要思想，这标志着中国五年规划的中期评估工作迈上了一个新台阶。

当前，观察中国经济社会发展趋势的最新也是最重要的依据是十八大报告。十八大报告提出了“到 2020 年全面建成小康社会”的宏伟目标，这是对未来经济社会发展蓝图提纲挈领的描绘，也是为研究编制“十三五”规划提供新要求和新依据。同时，党的十八大着眼于全面建成小康社会，提出了不少新的战略目标和战略任务。其中，民富国强理念更加深入，“两个翻番”成为核心目标；经济发展的质量更加重要，科技进步对增长的贡献率不断扩大；民生和公共服务领域要实现更快、更深入的发展；生态文明建设取得重大突破，美丽中国将成为中国新的形象品牌。因此，进入 2014 年后，各级各部门要针对这些重点做好“十二五”规划的进一步评估，为下一步编制“十三五”规划提供建设性意见。

未雨绸缪：“十三五”规划将开启中国改革红利全面释放新周期

随着各级各部门“十二五”规划中期评估工作的完成，以此为基础，2014 年是“十三五”规划制定的全面启动之年。在这两个规划相交的历史节点上，以 2013 年 11 月份召开的党的十八届三中会为起点，一个全面改革新的周期已经开启。

“十三五”规划是第一个百年即全面建成小康社会目标的“收官”性规划，也是全面释放以改革为核心对第二个百年目标全面布局的规划。

届时，在全面小康的基础上，领先地区将率先开启实现现代化的新篇章，后发地区的基本实现现代化的赶超战略也将相继启动，“五位一体”的中国特色社会主义总布局全面落实，中华民族伟大复兴的中国梦将初显轮廓。

重大形势预测：重估我们的发展理念与价值导向

“十三五”是中国经济进入中速发展的时期，应清醒认识并应对可能出现的复杂环境和严峻挑战，对可能发生的困难和障碍提前做好预案，力争做到未雨绸缪，以进一步强化各种危机、风险、挑战的应对措施。必须看到，“十三五”与以往的五年规划面临着明显不同的形势与政策背景。过去的五年规划虽然在发展思路上也有调整，但基本上是延续经济高增长的发展思路，推动经济增长的路径没有变，差别只是投资资源的多少。但是，“十三五”时期，我们必须首先进行理念与价值的重估。

首先，“十三五”将是中国经济增长模式的转换期，传统的发展理念面临重估。GDP 低速增长，国务院发展研究中心副主任卢中原曾公开发表演说称，未来中长期增长速度是趋势性的放缓，经济下滑的拐点很可能是在“十三五”的开局。根据卢中原所在团队的测算，“十三五”年均增长速度大概在 7%。而 7% 的平均增速对很多地区的“十三五”规划来说是个新挑战，很多发展中的问题的解决必须要有新的思路和办法，靠 GDP 的增长一俊遮百丑的时代已经一去不复返了。

其次，要素红利逐渐消退，如何持续释放改革红利需要进行仔细评估。传统的拼能源、资源和资本的增长对经济增长的贡献已经走向末路，中国经济增长将因人口红利趋于消失而减速。同时，在土地、资本等投入要素红利逐渐减弱，旧的经济增长模式无法延续的情况下，新的最大红利就是改革红利。正如 2013 年 8 月 27 日中央政治局会议指出的，改革开放是决定当代中国命运的关键一招，也是决定实现“两个一百年”奋斗目标、实现中华民族伟大复兴的关键一招。国务院发展研究中心改革研究课题组在为三中全会进行的一项研究中就提出：“要旗帜鲜明地亮出以建立‘规范、高效、公平’社会主义市场经济体制这一根本目标，把理顺政府与市场以及政府、企业、社会的关系为核心，强化市场基础制度、完善市场监管制度、健全经济调控制度、建立成果公平分享制度。”

最后，结构调整、产业转型问题的迫切性必须重估，生态文明的价值必须在更高层面给予确立。结构调整的问题从“十五”提出，经过“十一五”“十二五”，到了“十三五”，已经是必须全面解决的时候了。2013 年 9 月，习近平出席上海合作组织第十三次会议前夕接受外媒联合采访时指出，如果我们继续以往的发展方式，我们会有更高的增长率。但是，在宏观经济政策选择上，我们坚定不移推进经济结构调整，推进经济转型升级，宁可主动将增长速度降下来一些，也要从根本上解决经济长远发展问题。正是在这个意义上，习近平强调，中国经济增速放缓是良性调整的结果。而这种调整，也将为“十三五”乃至更长时期的中国经济发展指明方向。同时，“十三五”将是生态文明建设全面推进期。但当前生态文明建设的现有成果仅仅是初步的，经验还很不成熟，因此“十三五”时期将适时推出国家级生态文明建设示范区，重点包括通过优化开发格局，完善生态功能；推进转型升级，发展生态经济；加强环境保护，优化生态环境；树立文明理念，建设生态文化；强化顶层设计，健全生态制度等途径，推进绿色发展、循环发展、低碳发展，努力建设“天蓝、地绿、水净”的美好家园。

重大问题攻坚：向全面建成小康社会做最后冲刺

“十三五”是全面建成小康社会的冲刺阶段。在这样的大背景下，各地必须瞄准“靶心”，与小康进程监测指标体系“对表”，关键是找到“短板”，拿出解决问题的对策，制定出全面建成小康社会的路线图。根据国家统计局发布的2011年全国全面建设小康社会进程监测报告的数据显示，2010年，中国全面建设小康社会的实现程度达到80.1%，其中东部、中部、西部全面建设小康社会的实现程度分别为88.0%、77.7%、71.4%，近两年实现程度又有较大的进展，而中西部地区实现进程比较滞后。因此，各地区根据各自实际部署全面建成小康社会，这是“十三五”规划的核心任务。

对于东部地区来说，如期实现全面建成小康社会难度不大，重点是研究“升级版”的全面小康建设，着重研究人均GDP1万美元至2万美元面临的机遇、挑战及战略选择，并要研究如何率先在全国实现现代化建设。在这方面，2013年5月江苏省正式发布修订后的“新版”《江苏全面建成小康社会指标体系（试行）》和《江苏基本实现现代化指标体系（试行）》。全面小康指标体系由原来的4大类18项25个指标扩展到5大类22项36个指标，而基本实现现代化指标体系由原来的4大类30项44个指标扩展到5大类30项53个指标，并从2013年开始首先对苏南五市进行监测评估，也标志着苏南地区在“十三五”期间就开始进入现代化建设进程。

对于中西部地区来说，如期实现全面建成小康社会的任务很艰巨，关键是认清经济欠发达的特殊省情，清楚追赶型发展是不二选择，要跳起来摘桃子，实现超常规发展，发挥后发优势，实现后来居上。从整体上看，在53个监测指标中，中西部地区比较落后的指标集中在人均

专栏

环保部“十三五”规划课题研究（部分）

◎中国经济社会发展进展及环境规划评估方法研究

◎“十三五”生态环境保护目标指标研究

◎“十三五”土壤环境保护目标指标研究

◎中国城市环境空气质量 PM2.5 指标达标的分析与路径研究

◎东部省份产业升级路径与环境政策研究

◎环保投融资模式与政策创新案例研究

◎环境监管能力建设思路与重点案例研究

◎以环境质量为核心的政府环境责任考核研究

◎基于资源消耗、环境损害和生态效益的绿色发展评价方法及实证研究

◎企业环境风险管理制度研究

资料来源：环保部网站

GDP、城乡居民收入比、R&D 经费支出占 GDP 比重、第三产业增加值占 GDP 比重和单位 GDP 能耗等方面。由此看出，中西部地区全面建成小康社会的难点主要是发展中不平衡、不协调、不可持续问题依然突出，经济总量仍然比较小，居民收入水平较低，农村小康比较落后，科技创新能力不强，生态环境治理欠账比较多，扶贫攻坚任务仍很艰巨。为此，中西部地区在“十三五”期间的重点任务仍然是着力做大经济总量，实现新跨越，大力推进转型发展，增强自主创新能力，大力推进城镇化发展。要紧紧扭住城乡居民增收这个核心问题进行攻坚，通过实施就业优先发展战略，不断优化居民收入结构。同时，要破解难点，加快农村全面小康社会建设，大力发展农村经济，推进农业现代化建设。要

专栏

“十三五”中国经济升级版的五大特征

2013年9月，胡鞍钢、鄢一龙、杨竺松在《行政管理改革》上联合撰文指出，打造中国经济升级版，就是立足扩大内需和消费，推动经济结构调整，增强创新动力，促进绿色发展，持续改善民生，共享发展成果，到“十三五”规划结束时，建立结构合理、充满活力、环境友好、分配公平、民生幸福的国民经济与社会发展体系。从内容要素看，中国经济升级版应具备如下特征。

一是协调发展。产业发展更加协调，服务业比重进一步上升；经济需求拉动因素更加协调，消费需求比重进一步上升；区域发展更加协调，中西部与东部经济发展进一步趋同；城乡发展更加协调，城乡一体化基本实现；国际国内发展更加协调，有效统筹国际国内两个大局，国际收支更加平衡。

二是创新驱动。自主创新能力大幅度增强，基本建成创新型国家，成为世界创新强国；创新机制建设取得重大进展，创新的经济活力和潜能进一步激发，创新成为经济增长和产业优化升级的最大动力；创新型人才培养取得重大进展，创新型人才数量和质量都达到世界领先水平。

三是绿色发展。低消耗、低排放和低污染将成为经济活动的主要环境特征，经济活动创造的生态盈余大幅增加，资源节约、环境友好特点突出。主体功能区布局基本形成，资源循环利用体系全面建成，单位国内生产总值能源消耗和二氧化碳排放量大幅下降，与经济增长脱钩，主要污染物排放总量显著减少。国土森林覆盖率提高，生态系统稳定性增强，人居环境明显改善，人与自然共处更加和谐，逐步建成美丽中国。

四是共同富裕。收入分配制度改革取得明显成效，居民收入在国民收入分配中的比重和劳动报酬在初次分配中的比重明显提高，

专栏

收入分配机制更加公平、更加完善。城乡居民收入差距、地区收入差距进一步缩小，不同行业及领域劳动者收入差距进一步缩小，基尼系数持续下降，社会基本公共服务均等化达到较高水平，基本社会保障全体人口全覆盖。

五是人民幸福。城乡劳动力就业充分，服务业吸纳就业潜力得到进一步释放，就业、教育、医疗、养老等保障能力进一步增强，当前民生相关突出问题得到基本解决，“人民群众呼吸洁净空气、喝干净水、吃安全食品”有可靠保障，人民生活品质明显提高，人民发展需求得到更大满足，社会管理水平和成效明显提高，因社会矛盾激化导致冲突性、群体性事件数量明显减少，社会凝聚力、向心力明显增强。

总之，打造中国经济升级版，就是要平稳跨越“中等收入陷阱”和各类矛盾凸显期，实现经济、社会和自然三大系统从恶性循环向良性循环的转变，实现系统间关系更加协调，全面提升国民净福利水平。

打造中国经济升级版，先后需要经过三个五年规划：“十一五”时期是“初步转型期”，国民经济和社会发展“初步纳入”科学发展轨道；“十二五”时期是“攻坚转型期”，国民经济和社会发展“基本纳入”科学发展轨道；“十三五”时期是“全面升级期”，国民经济和社会发展“全面纳入”科学发展轨道。

资料来源：《行政管理改革》2013年9月5日

补齐短板，在贫困地区大力实施以产业开发为核心的扶贫板块推进战略，整合资源、加大投入、强化举措、完善机制。最后要大力推进生态文明建设，加大环境治理力度，把健康安全小康建设列入重要战略。

重大课题研究：前瞻性突破性研究是重中之重

各级各部门要及早部署“十三五”规划前期工作，尽快开展理论性、前瞻性、突破性重大课题研究。

第一，关于经济结构调整及转型升级的重大课题研究。在这方面的理论研究主要包括经济结构调整难点解决的对策和建议，主要针对区域平衡、产能过剩等问题的研究，如加快促进民间投资的思路和对策研究；在统筹城乡发展要求下提升城镇化建设速度与质量相关问题研究；实体经济发展现状、问题与对策研究等。

第二，关于社会建设特别是社会体制改革方面的重大课题研究。要结合政府结构改革和职能转变，加大社会管理创新等问题的推进力度，重点研究课题主要包括：培育发展社会组织及相关政策研究；加快推进政府向社会组织购买服务机制问题研究等。

第三，关于科技创新、教育现代化及文化大发展大繁荣等重大课题研究。高度重视科技创新驱动，如将颠覆性创新列入“十三五”科技规划。在教育方面，要抓紧基础教育和教育资源均衡等问题研究。基于提升文化软实力的研究，主要课题研究方向是文化产业竞争力提升的路径与方法等。

第四，关于生态文明建设的重大课题研究。首先要进行生态文明建设先行示范区的研究，其次要分项目进行研究。环保部率先启动 21 项“十三五”规划课题研究，覆盖面十分广泛。

第五，关于全面推进政府机构改革及职能转变的重大课题研究。“十三五”时期改革的重点应是把错装在政府身上的手换成市场的手，研究的方向包括建立高效、稳健、安全的现代金融监管，有效推进民营经济发展等。

国家治理

N a t i o n a l P o w e r

从白皮书看中国司法改革的未来改革路线图

2012年10月9日，国务院新闻办公室发表了《中国的司法改革》白皮书，第一次全面、系统地向国内外介绍了中国司法改革的基本情况和主要成就。这不仅是中国的第一部司法改革白皮书，还是未来10年中国司法改革的路线图。白皮书共分五个部分，其中第一部分“司法制度和改革进程”回顾了2004年以来的司法改革进程和成就；第二至第五部分“维护社会公平正义”“加强人权保障”“提高司法能力”“践行司法为民”四个方面28条既是过去近10年司法改革的具体总结，也是未来改革方向的展开。

司法改革破解了一批体制性、机制性、保障性难题

从2004年开始，中国启动了统一规划部署和组织实施的大规模司法改革。从民众反映强烈的突出问题和影响司法公正的关键环节入手，

□ 近 10 年中国司法改革进程

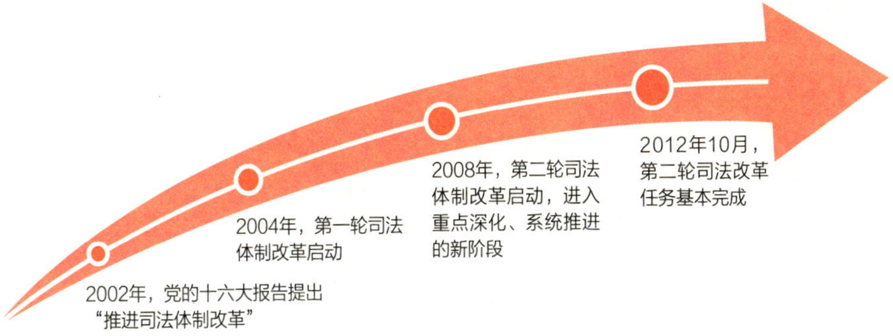

资料来源：《人民日报》2012 年 10 月 15 日

完善司法机关的机构设置、职权划分和管理制度，健全权责明确、相互配合、相互制约、高效运行的司法体制。中国司法改革走向整体统筹、有序推进的阶段。2008 年，中国启动了新一轮司法改革，司法改革进入重点深化、系统推进的新阶段。改革从民众司法需求出发，从优化司法职权配置、落实宽严相济刑事政策、加强司法队伍建设、加强司法经费保障四个方面提出具体改革任务，着重解决体制性、机制性、保障性障碍。目前，本轮司法改革的任务已基本完成，并体现在修订完善的相关法律中。比如，修改了刑法、刑事诉讼法、民事诉讼法、国家赔偿法等多部法律，出台了一系列改革文件和配套制度。随着中国经济社会的不断进步与发展，中国司法改革也将进一步深入推进。

对于下阶段司法改革的重点领域和总体方向，中南财经政法大学法学教授乔新生提出了三条改革建议。首先，必须在宪法的框架内重新梳理司法机关与行政机关之间的关系，建立独具中国特色的司法审查体制。尽快出台专门的司法改革法案，扩大司法机关审查行政机关抽象行政行为的范围，使行政机关实施的每项改革都具有可诉性。其次，必须在宪法的框架内重新构造中国的司法体制，解决中国司法线性结构存在的深层次问题。可行的改革方案是，改变传统的诉讼结构，让侦查机关的办案人员直接出庭，作为检察机关的证人或者鉴定人。最后，必须在宪法

□ 着力维护社会公平正义的司法改革举措

方面	主要举措
1 优化司法职权配置	1. 法院实行立案、审判、执行分立 2. 规范发回重审和指定再审 3. 规范完善统一的民事、行政案件执行工作体制 4. 改革职务犯罪案件审查逮捕程序 5. 完善司法鉴定管理体制
2 规范司法行为	1. 推进量刑规范化改革 2. 建立案例指导制度 3. 加强对案件办理的管理
3 扩大司法公开	1. 扩大公开的事项和内容 2. 丰富公开的形式和载体 3. 强化公开的效果和保障
4 加强司法民主	1. 完善人民陪审员制度 2. 探索建立人民监督员制度
5 加强检察机关的法律监督	1. 加强对侦查机关立案、侦查活动的法律监督 2. 加强对法院审判活动的法律监督 3. 加强对刑罚执行和监管活动的法律监督 4. 加强对司法工作人员渎职行为的监督

资料来源：据国新办《中国的司法改革》白皮书整理

的框架内增加司法机关的透明度，解决中国长期存在的司法不公问题。

中国人民大学法学教授陈卫东主张下一步中国应积极致力于推动体制改革。在现行制度下，进一步厘清司法权限，更加科学地配置司法权力，尤其要推动劳动教养制度（废除后代之以社区矫正制度）、执行体制、检察机关反贪制度、看守所体制改革四大难点领域改革。此外，改革应更加注重公民参与，不应把公民参与局限在审判或陪审领域，应当纳入整个诉讼阶段的参与范围内，这有助于提升司法公信力。

北京师范大学刑事法律科学研究院副院长宋英辉提出，在下一步的改革中，要进一步理清司法权与党政机关、人大权力、社会监督之间的关系，既做到对权力的有效监督制约，同时又不致影响司法权的依法独立行使；进一步合理配置司法权，理顺公检法司四机关在刑事诉讼中的关系，保证办案质量和维护人权；进一步研究和改革对检察权进行监督的方式，检察机关作为中国的法律监督机关，如何对其权力行使进行监督也是一个重要问题；进一步改革同一机关内设部门权力划分的科学性、协调性，实现不同部门的合理分工与合作。

五个方面提高司法维护公平正义能力，量刑规范化改革影响大

维护社会公平正义，是司法改革的价值取向。主要从完善司法机构设置和职权配置、规范司法行为、完善诉讼程序、强化司法民主和法律监督五个方面进行改革，努力提高司法机关维护社会公平正义的能力。

在致力于提高司法机关维护社会公平正义能力的举措中，量刑规范

化改革是一项极为受人关注的工作。中国量刑规范化改革的直接动因，源自于司法实践中在一些案件的处理上所出现的量刑不均衡、量刑不公正现象以及量刑是否适当的争议。如许霆案一审被判处无期徒刑，再审改判为有期徒刑5年，这种巨大的量刑差异引起社会各界的广泛议论。最高法从2005年开始对量刑规范化改革进行实质性调研论证，并逐步开展试点，至2009年，试点法院已扩展到全国120多家。2010年9月，最高法制定了《人民法院量刑指导意见（试行）》和《关于规范量刑程序若干问题的意见（试行）》，10月1日起，量刑规范化改革在全国全面试行。

量刑规范化改革是一种旨在推进量刑公正的可贵的、积极的努力。但不管是改革路径还是实际效果，学界一直存有争议。中国社会科学院法学研究所诉讼法室主任熊秋红指出，各国量刑制度的发展历史和改革经验告诉我们：在量刑领域，制度的规制功能是较为有限的，大量的自由裁量空间需留给法官，以实现“个别化”的刑罚政策。法官的量刑除了依据理论和规范，很大程度上还要依据经验，也就是说经验在其中扮演着重要角色。因此，在该领域面临着一个“老生常谈”的问题，那就是法官的道德和司法能力，要实现公正而适当的量刑，法官的道德自律和素质提高显然不可或缺。

提高司法公正的另一项改革举措是建立案例指导制度。长期以来，中国司法实践中存在较为严重的“同案不同判”现象，损害了司法公正和公信。案例指导制最初就旨在解决“同案不同判”的问题。2010年11月，最高法酝酿五年之久的《关于案例指导工作的规定》出台，成为近年来司法改革的重大进展。但过了一年，最高法才于2011年12月发布了第一批指导性案例，2012年4月和9月又发布了第二、第三批指导性案例，三批案例一共12个。

北京理工大学法学院教授、博士生导师、司法研究所主任徐昕认为，案例指导制度的确立具有深远的意义。大陆法系国家积极吸收英美法系判例制度合理因素是一个趋势，法院确立该制度，表明中国正融入这一潮流，这对于保障司法公正，增强司法能力，提升司法独立性意义重大。未来指导性案例应逐渐替代司法解释，成为最高法指导法律适用、发挥公共政策功能的主要方式。

另外，加强司法权力监督制约也是司法改革的一个重点。北京师范大学刑事法律科学研究院宋英辉指出，白皮书中体现了以权力制约权力，突出权力分配，避免权力过于集中，规范执法行为。这又包括两种方式：一是同一机关内部的权力制约。如法院实行立案、审判、执行分立，立案、审判和执行分别由不同的机构负责等。二是不同机关之间的权力制约。如检察机关对在押人员羁押必要性的审查制度等。主要难点在于下一步如何实现权力的合理配置，确保权力在法制框架下公开透明、规范合法地运作。最高检司改办主任张智辉指出，2010 年 7 月最高法、最高检、公安部、安全部、司法部五家联合出台的《关于对司法工作人员在诉讼活动中的渎职行为加强法律监督的若干规定》，旨在解决对诉讼活动中司法人员渎职行为进行监督调查的依据问题，解决司法人员不作为、乱作为导致的司法实践中突出的、严重的现实问题。

司法保障人权目标确立，修改通过新刑诉法是最大亮点

加强人权保障是中国司法改革的重要目标。中国立法机关 2004 年颁布宪法修正案，将“国家尊重和保障人权”载入宪法；2012 年修改的

□ 最高法发布的三批 12 个指导性案例

编号	名称
1 号	上海中原物业顾问有限公司诉陶德华居间合同纠纷案
2 号	吴梅诉四川省眉山西城纸业有限公司买卖合同纠纷案
3 号	潘玉梅、陈宁受贿案
4 号	王志才故意杀人案
5 号	鲁潍（福建）盐业进出口有限公司苏州分公司诉江苏省苏州市盐务管理局盐业行政处罚案
6 号	黄泽富、何伯琼、何熠诉四川省成都市金堂工商行政管理局行政处罚案
7 号	牡丹江市宏阁建筑安装有限责任公司诉牡丹江市华隆房地产开发有限责任公司、张继增建设工程施工合同纠纷案
8 号	林方清诉常熟市凯莱实业有限公司、戴小明公司解散纠纷案
9 号	上海存亮贸易有限公司诉蒋志东、王卫明等买卖合同纠纷案
10 号	李建军诉上海佳动力环保科技有限公司公司决议撤销纠纷案
11 号	杨延虎等贪污案
12 号	李飞故意杀人案

资料来源：据《人民法院报》报道整理

刑事诉讼法将尊重和保障人权写入总则。各司法机关依法采取有效措施，努力把司法领域的人权保障落到实处。

近年关于保护人权的司法改革举措，集中体现在 2012 年 3 月十一届全国人大五次会议表决通过的刑诉法修改案中。刑诉法被称为“小宪法”，这次修改是自 1996 年以来中国第一次修改刑诉法，是中国刑诉法向人权保障迈出的巨大一步，新法于 2013 年 1 月 1 日起施行。

虽然刑诉法修改有许多进步，但公众最担心的是法律被执法部门滥用，正如《人民日报》一篇评论文章所说，“立法上的每一次进步，都是对执法者的一次全新挑战”。为此，新的刑诉法通过后，从最高法、最高检、公安部、司法部，到各省、市涉及刑事诉讼法的部门，或召开专门会议，或下发通知，或举办培训，都迅速投入到学习之中；最高法、最高检等都表示将制定配套制度和措施，为新刑诉法实施做好准备。2012 年 5 月 25 日，中共中央政治局常委、中央政法委书记周永康主持召开实施修改后的刑事诉讼法座谈会，要求各级政法机关认真学习贯彻修改后的刑事诉讼法，抓紧做好实施前的各项准备工作，重点是强化五种意识：一要强化人权意识，实现惩罚犯罪与保障人权的统一；二要强化程序意识，确保程序合法公正；三要强化证据意识，保证刑事案件办理质量；四要强化时效意识，确保刑事司法活动公正高效；五要强化监督意识，防止刑事司法权滥用。

对于加强人权保障方面下一阶段的司法改革目标，北京师范大学刑事法律科学研究院副院长、教授宋英辉认为，落实白皮书中关于“加强人权保障”等方面举措十分重要，急需摸索有关配套措施和制度。在此当中，众多媒体和专家将焦点置于劳动教养制度的改革上。

2013 年劳教制度废止前，专家们对于劳动教养制度改革主要的分歧在于：矫治决定主要应由司法部门，还是公安部门来决定。这一分歧直接导致《违法行为矫治法》的“难产”。中央司法体制改革领导小组办公室负责人姜伟表示，劳教制度有法律依据，当然也存在问题，改革劳动教养制度已经形成社会共识，相关部门做了大量的调研论证工作，广泛听取了专家学者和人大代表的意见和建议，正在研究具体的改革方案，改革试点工作刚刚开始。重庆大学教授陈忠林呼吁缩减劳教适用范围，他认为劳教制度必须改变，而违法行为教育矫治法正是改变的方向。北京大学教授姜明安认为应明确劳教法律程序：改革首先要通过法律途径来重新明确劳教的标准、条件和范围，必须明确劳教判决的法律程序，完善劳教对象的救济途径。在裁决阶段，对裁决不服，可以申请复议或提起诉讼。司法部研究室主任王公义认为劳教要限制公民人身自由，除

□ 加强人权保障的司法改革举措

方面	主要举措
1 防范和遏制刑讯逼供	1. 确立不得强迫自证其罪的原则 2. 制定非法证据的排除规则 3. 完善拘留、逮捕后送押和讯问制度
2 保障犯罪嫌疑人、被告人的辩护权	1. 保障犯罪嫌疑人、被告人及时获得辩护 2. 扩大法律援助范围 3. 强化证人出庭作证义务 4. 完善证人保护制度
3 保障律师执业权利	1. 律师在法庭上发表的代理、辩护意见，除危害国家安全、恶意诽谤他人、严重扰乱法庭秩序的言论外，不受法律追究 2. 及时会见在押犯罪嫌疑人、被告人，并查阅案卷材料和调查取证
4 限制适用羁押措施	1. 细化逮捕条件，严格审批程序 2. 建立对在押人员羁押必要性的审查制度 3. 完善在押犯罪嫌疑人、被告人强制措施的解除、变更程序 4. 扩大监视居住的适用，减少羁押
5 保障被羁押人的合法权益	改进看守所监管水平，严格防范刑讯逼供和超期羁押，改善羁押和监管条件，改善被羁押人的生活条件，保障被羁押人的合法权益
6 加强未成年犯罪嫌疑人、被告人的权益保障	对犯罪的未成年人实行惩戒与保护并举的措施，尽最大努力促进失足未成年人回归社会。法律明确了对犯罪的未成年人实行教育、感化、挽救的方针，坚持教育为主、惩罚为辅的原则
7 严格控制和慎重适用死刑	保留死刑，但严格控制和慎重适用死刑。中国刑法规定死刑只适用于极少数罪行极其严重的犯罪分子，并规定了严格的适用标准
8 完善服刑人员社区矫正和刑满释放人员帮扶制度	1. 改善监狱执法条件，增强教育改造效果 2. 开展社区矫正 3. 加强对刑满释放人员的帮扶教育
9 完善国家赔偿制度	健全国家赔偿工作机构，畅通赔偿请求渠道，扩大赔偿范围，明确举证责任，增加精神损害赔偿，提高赔偿标准，保障赔偿金及时支付，进一步完善行政赔偿、刑事赔偿和非刑事司法赔偿制度
10 建立刑事被害人救助制度	对遭受犯罪行为侵害、无法及时获得有效赔偿、生活陷入困境，特别是因遭受严重暴力犯罪侵害，导致严重伤残甚至死亡的刑事被害人或其近亲属，由国家给予适当资助

资料来源：据国新办《中国的司法改革》白皮书整理

□ 提高司法能力七个方面改革举措

资料来源：国新办《中国的司法改革》白皮书

了必须通过法律设定之外，要由司法机关来决定，不能让行政机关决定。而现有的劳动教养管理委员会和审批委员会不能算是司法机关。北京大学法学院教授王锡锌主张劳教行为需要分化，确实轻微的违法行为给予治安处罚，而构成轻罪的用刑法调整。

2013 年 11 月，党召开的十八届三中全会通过的《中共中央关于全面深化改革若干重大问题的决定》正式写明：废除劳动教养制度。12 月 28 日，全国人大常委会正式通过废止劳教制度决定。

提高司法能力，司法经费保障体制改革还需继续深入

提高司法能力，是中国司法改革的重要目标。白皮书指出，近年来，中国不断完善法律职业准入制度，加强职业教育培训和职业道德建设，改革经费保障体制，有效提高了司法能力，为提升司法公信力奠定了坚实基础。

具体来说，在微观层面上，通过完善职业准入制度、加强职业教育培训和职业道德建设，提升任职人员业务能力和综合素质，强化最为具体的“细胞”功能。在中观层面上，提升律师和当事人在整体司法结构

中的重要性，保障被告人和律师的辩护权，为无力聘请律师的被告人提供司法援助，建构被害人救助机制，为被害人参与诉讼提供渠道。而在宏观层面上，改革司法制度的整体格局，特别是确保法院的独立与权威——这一改革，如白皮书所揭示的，将从司法行政体制，特别是经费保障和人事任免制度入手。比如，将建立“分类负担、收支脱钩、全额保障”的司法机关经费保障体制，使法院在人、财、物方面拥有更大的自主权，在进行审判时拥有更大的独立性，杜绝层层批示，避免处处掣肘，还司法真正的权威与公正。

中国政法大学国际法学院教授莫世建认为，30 年来中国司法制度最大的进步就是司法能力大幅提高，司法系统体制化、专业化。众所周知，司法考试是当年全国最难通过的考试之一，而法官和检察官的审核，也从单独认定改为全国统考，法官和检察官的教育背景和专业素质也在发生巨大变化，以前的法官和检察官队伍里有不少转业军人，而现在法律专业背景已成入门必要条件。

司法经费是法院行使审判权的物质基础，司法经费配置不合理影响

□ 2008—2011 年律师承担各类案件业务图

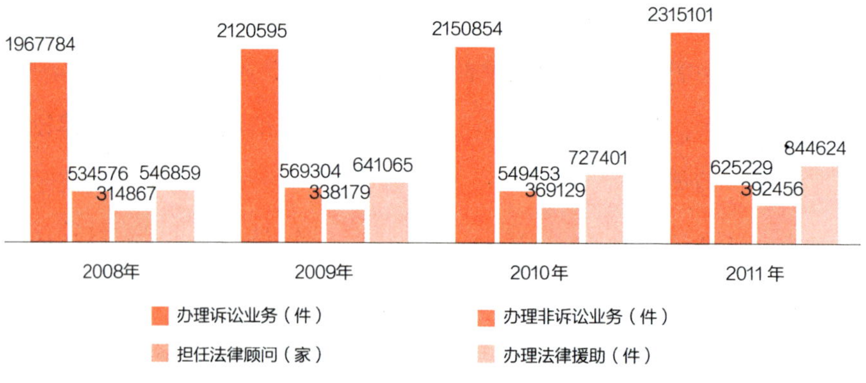

资料来源：新华社 2012 年 10 月 9 日

法院独立行使审判权，影响法院、法官对审判方式的选择，导致法院、法官集体性滥用权力甚至徇私枉法，影响法官队伍稳定。中国司法经费配置存在非常严重的问题，司法实践中许多问题的出现都与司法经费配置不合理有着紧密的关系。

对于目前改革要求中央和省级政府加大对司法机关的经费投入，确保各级司法机关的经费由财政全额保障，北京大学法学院副教授陈永生认为，将中级以及基层人民法院经费提由省级财政负责只能缓解中国司法经费制度面临的部分问题，而不能解决全部问题。譬如，如果中级以及基层人民法院经费由省级财政负责，那么中国东西部地区法院因经济发展差距导致的经费保障不平衡问题仍然很难解决，省级

专栏

李庄案

2009年，重庆市黑社会性质团伙主要嫌疑人龚刚模被起诉，原辩护律师为李庄。当地检察院怀疑李庄唆使嫌疑人及证人伪造证据，令嫌疑人谎称被警方刑讯逼供。检察院随后以诉讼代理人毁灭证据、伪造证据、妨害作证等罪名对其提起公诉。这一刑事案件被称为李庄伪证案，俗称李庄案。该案被中国诸多媒体所报道，其关于法治、司法独立和程序正义、律师职业道德和人身权利、金钱利益和腐败、媒体“通稿”及更多的争议，在社会上，特别是中国法律界引起了诸多讨论。该案于2009年末2010年初进行了一审和二审，李庄二审被判处有期徒刑一年六个月。2011年4月进行了李庄遗漏罪行的审理，但最后因证据存疑，检方撤诉。李庄于2011年6月11日刑满出狱。

资料来源：综合媒体公开报道整理

党政部门利用掌管法院经费影响法院审判的问题也很难解决。因此，要彻底解决中国司法经费配置存在的问题，必须将全国法院经费都提由中央财政负责。

在提高司法能力当中，律师的作用尤其受到关注。2002 年以来，中国推行公职律师和公司律师试点，为政府决策和公司重大经营提供法律意见，进一步完善了社会律师（包括专职律师和兼职律师）、公职律师、公司律师共同发展的律师队伍结构。2007 年修订的律师法完善了律师事务所组织形式，允许个人开办律师事务所，形成国资律师事务所、合伙律师事务所和个人律师事务所共同发展的格局。截至 2011 年底，中国有律师事务所 1.82 万家，全国律师共担任法律顾问 39.2 万家，办理非诉讼法律事务 62.5 万多件，承办法律援助案件近 84.5 万件。

但是，由于相关法律的制约，律师特别是刑辩律师在开展法律活动时往往如履薄冰，律师群体对刑法第 306 条的问题反映强烈。中国《刑法》第 306 条规定：“在刑事诉讼中，辩护人、诉讼代理人毁灭、伪造证据，

□ 司法为民相关数据

全国现有人民法庭近万个，人民法庭审理各类案件年均240余万件

截至目前，全国检察机关共有派驻检察室2758个，检察联络站、检察工作站等其他形式的机构9622个

全国现有派出所5万多个、警务室17万多个，实现了对乡镇和街道的全覆盖

截至2011年底，全国共有3600多个法律援助机构，1.4万名专职法律援助人员、21.5万名律师和7.3万名基层法律服务工作者，28个省、自治区、直辖市制定了法律援助地方法规

全国共有司法所4万多个。2004—2011年，全国司法所累计开展纠纷排查284万次，参加调解疑难复杂纠纷4677万件，参与接受刑满释放人员269万多人，指导办理法律援助案件112万件

截至2011年底，中国有人民调解组织81.1万个，调解员433.6万名。2011年调解纠纷893.5万件，调解成功率96.9%

2011年，全国法院调解民事案件266.5万件，调解撤诉案件174.6万件

2009年以来，全国法律援助经费年均增幅为26.8%，2011年达12.8亿元人民币

资料来源：据国新办《中国的司法改革》白皮书整理

帮助当事人毁灭、伪造证据，威胁、引诱证人违背事实改变证言或者作伪证的，处三年以下有期徒刑或者拘役；情节严重的，处三年以上七年以下有期徒刑。”据全国律协的有关调查显示，1997 年至 2007 年的 10 年间，已经掌握的因刑法第 306 条被追诉的律师多达 140 多人，但该调查尚有很多遗漏，实际数字更高，而最终被判定有罪的只有 32 起（其中大部分仍在申诉中）。这在一定程度上导致全国各地刑事辩护数量锐减，个别地方甚至出现律师拒绝参与刑事辩护的不良局面。该条法律造

□ 践行司法为民相关改革措施

方面	主要举措
1 加强基层司法机构建设	1. 加强基层人民法庭建设 2. 加强基层检察室建设 3. 加强基层公安派出所建设 4. 加强基层司法所建设
2 简化办案程序	1. 扩大刑事案件简易程序的适用范围 2. 推进小额诉讼制度改革 3. 探索行政案件简易程序
3 建立多元纠纷解决机制	1. 发挥人民调解作用 2. 发挥行政调解作用 3. 发挥司法调解作用 4. 加强诉讼与非诉讼相衔接的矛盾纠纷解决机制建设 5. 完善当事人和解的公诉案件诉讼程序
4 降低当事人诉讼成本	1. 降低诉讼收费 2. 减免诉讼费用 3. 规范律师收费 4. 方便当事人诉讼
5 开展法律援助	逐步扩大法律援助覆盖面，建立健全经费保障机制，为经济困难的公民或者特殊案件当事人提供免费法律服务
6 畅通司法机关与社会公众沟通渠道	司法机关高度重视听取民意，积极保障公众对司法事务的知情权、参与权、表达权和监督权

资料来源：据国新办《中国的司法改革》白皮书整理

成的客观效果不仅体现对律师执业活动本身的不利局面，而且对整个民主法制建设也有一定程度的负面影响。

中国人民大学法学院教授陈卫东认为，刑法第306条将辩护人、诉讼代理人作为特殊主体规定一个独立的犯罪，客观上法条表述所传递的信息是不利于律师在刑事诉讼中执业的，不仅给律师在刑事诉讼中进行执业活动带来极大的心理压力，不利于开展正常的辩护工作，而且也会对律师在公众心目中的职业信誉、社会形象造成影响。从司法大局来看，这一规定在现阶段有保留的必要，但是对于其在司法实践中的适用应该提高门槛，以避免司法机关滥用权力打击、报复执业律师。他提出，一个可供参考的方案是，司法机关以刑法第306条拟对执业律师进行诉讼的，需要由省一级的律协认定该执业律师执业中存在违规行为为前提。

□ 基层检察室"五化"建设

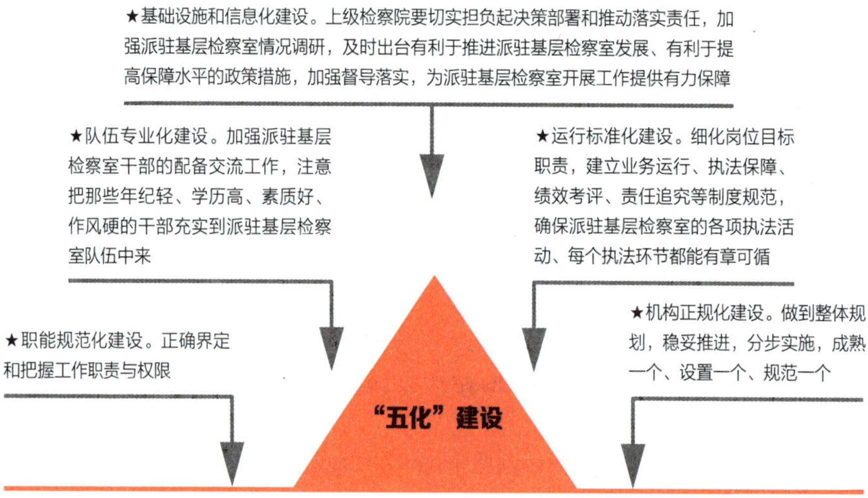

资料来源：《检察日报》2011年10月13日

□ 2004—2011 年全国法律援助案件量、咨询量和经费总额

年度	案件量（件）	咨询量（件）	经费总额（万元）
2004	190187	1919448	24577.44
2005	253665	2663458	28052.3
2006	318514	3193801	37029.78
2007	420104	4069972	53213.79
2008	546859	4322329	68249.86
2009	641065	4849849	75760.37
2010	727401	4874083	102289.7
2011	844624	5036814	127728.03

资料来源：新华社 2012 年 10 月 9 日

强化司法为民，真正让老百姓感受到司法的公正和便利

以人为本、司法为民，是中国司法工作的根本出发点和落脚点。白皮书指出，近年来，中国主动适应经济社会快速发展的新形势新要求，不断推进基层司法机构建设，强化司法工作的服务意识，延伸工作平台，完善工作流程，切实为人民群众行使权利提供便利。

司法为民的重点和难点是基层农村，特别是边远地区的基层地区。为此，首先要加强基层司法机构建设。这方面，最高法 2005 年出台《关于全面加强人民法庭工作的决定》明确，经基层人民法院同意，人民法庭可以直接受理案件。2011 年，最高法又下发《关于新形势下进一步加强人民法院基层基础建设的若干意见》，强调“以审判工作为中心、队伍建设为根本、物质装备为保障”加强新形势下人民法院基层基础建设。最高检也在 2010 年 10 月下发《关于进一步加强和规范检察机关延伸法

□ 近年来中国的法律援助工作呈现出三大亮点

三大亮点

★一是调整法律援助“三项标准”。2008年，全国法律援助经济困难标准、法律援助事项补充范围、办案补贴标准制定工作基本完成。

★二是大力推动法律援助“三个纳入”。各级司法行政机关适应经济社会发展和人民群众需要，积极推动把法律援助纳入地方经济社会发展整体规划，把法律援助纳入党和政府主导的维护群众权益机制，把法律援助经费纳入同级政府财政预算，建立法律援助保障体制。

★三是切实加强法律援助管理。根据国务院2008年“三定方案”，司法部增设法律援助工作指导司，明确了监督管理法律援助工作的职能。

资料来源：法制网

律监督触角促进检力下沉工作的指导意见》，并于2011年10月召开全国检察机关派驻基层检察室建设工作座谈会，要求推进派驻基层检察室“五化”建设。

中国人民大学法学教授陈卫东认为，这些年，法院、检察院和公安机关包括司法行政部门，都针对广大农村、社区设置了快速法庭、工作站、司法所，它们处理的案件大约占全部案件的三分之一，极大地方便了老百姓的诉讼，使那些事实比较清楚、情节不是很严重的刑事、民事案件尽量采取简易处置方式。民事诉讼法现在有了小额诉讼；刑事诉讼法进一步扩大了简易程序。针对目前社会矛盾比较尖锐的状况，不是把案件全部放到法院，而是建立了多元化纠纷解决机制。此外，对那些经济困难的人和残疾人提供法律援助，通过各类法律服务人员来全方位提供，国家也在财政上支持。这些方面都体现了司法为民理念。

在司法为民举措中，值得充分肯定的是法律援助工作蓬勃发展。2003年颁布实施《法律援助条例》以来，逐步扩大法律援助覆盖面，建立健全经费保障机制，为经济困难的公民或者特殊案件当事人提供免费法律服务，使越来越多的困难民众通过法律援助维护了自身合法权益。近年来，法律援助事项范围从刑事辩护向就医、就业、就学等民生事项拓展，经济困难标准参照各地生活保障标准，办案补贴标准进一步提高，并针对农民工、残疾人、老年人、未成年人、妇女五类特殊群体建立了专项经费保障制度。

白皮书的最后，强调司法改革是政治体制改革的一部分，这点虽然以前也有所涉及，但是没有像这次这么明确地提出来，在北京理工大学法学院教授、博士生导师、司法研究所主任徐昕看来，这是一个明显的信号，说明未来可能会把司法改革作为中国政治体制改革的切入点。中央司法体制改革领导小组办公室负责人姜伟指出，当前，中国社会的主要矛盾在司法领域具体表现为：人民群众日益增长的公平正义期待与经济社会发展水平总体不高的矛盾；社会司法需求扩大与司法资源和司法能力不足的矛盾；维护国家法律统一正确实施与各地区社会发展不平衡的矛盾。中国在推进司法改革过程中，既要立足于基本国情和发展的阶段性特征，也要高度重视借鉴其他国家司法制度的有益经验，努力把全人类科学的司法经验和理念，转化为和谐有序的中国司法实践。

法治指数：量化评估法治建设成果

法治（Rule of Law）无所不在，但法治建设的成果如何才能看得见、摸得着?

从世界范围来看，运用法治指数来描述、衡量和评估法治的运行状况，被认为是解决该问题的做法之一。近年来，随着中国法治建设的不断推进，法治指数日益成为学术界的热门话题，有关部门也以极大的热情开展相关试点。与此同时，法治指数在实践中也存在着一定争论。如何理性地认识法治指数、如何设计科学合理的指数体系等，是必须面对和解决的重要问题。

专家建言：法治评估要明确十大关键问题

在世界各地，由世界性的、区域性的、政府主导的和非政府机构主导的研究单位，为个别地区、个别法制（法制是指包含了法律机构、法律及各类法律人员的制度）或不同地区及法制，正进行着各种各样的法治评估。它们进行法治评估的目的、评估的范围、评估的标准、评估的方法及如何使用评估的结果等存在差异。2013 年 4 月，香港大学法律学院戴耀廷在《光明日报》撰文，对一个地区或法制进行法治评估所涉及的理论、设计、实际操作及应用等 10 个方面的问题给出了解答，对于理解法治评估的理论与应用具有非常重要的参考价值。

一、进行法治评估的目的是什么

用什么方法对一个地区或法制进行法治评估，与进行法治评估的目的紧密相连。学者认为，进行法治评估的根本目的应是进一步发展法治及改善政府管治。法治评估应能探究出现行的法律体制在哪些方面存有不足，并能够为法律体制的发展完善提供指引，追求更高水平的法治。为了达到这一目的，对法治的定义、评估方法及应用都会有所要求。

二、法治评估所要评估的法治层次是什么

要让法治评估发挥推进法治建设和改善管治的作用，对法治的定义就要超越西方法学对法治那种“非黑即白”的定义。西方法治理论的发展是西方国家的法律制度与法律文化长期实践积累的结果，它的研究视野往往局限于高度成熟的西方社会形态。若以这种法治概念去审视非西方地区的法律制度，常常会产生这样的观点，即认为非西方地区的法律制度与法律文化都未达法治标准。因而，这种理论并不能使非西方地区

准确认识到自身法治发展状况，也不能对其法治发展发挥实质上的导向作用。所以，确立一套能更切实有效地在非西方地区推进当地向法治化社会转型的法治理论显得很有必要。这套法治理论并不是全新的法治理论，而是通过整理西方法治理论中的核心部分，发展成包含一套法治发展阶段的论述。该理论应将法治分为四个层次，分别是：有法可依、有法必依、以法限权、以法达义。一个地区或法制会大体依着这四个层次去发展其法律体制。要对一个地区或法制进行全面的法治评估，理想的做法是能把法治的四个层次都纳入评估的标准。

三、每一法治层次的法治要求是什么

要依上述四个法治层次对一个地区或法制进行法治评估，就要先确定各个层次为法治所定下的具体标准。

层次一——有法可依。法律须符合以下要求：法律应是普遍的、公开的、稳定的、确定的、非追溯性的、可行的、非任意的、平等的及符合社会价值的。

层次二——有法必依。它要求法律能够维持社会秩序、获得公民的尊重及遵从，人们之间的纷争应依据法律以和平的方法解决。但该层次更根本的要求是行使公权的执政者要依法施政。执政者应清楚地表明其依法施政的决心，即表明法律是其最重要的管治工具。但在确保行使公权的政府官员依法施政方面，主要还只是依靠执政者内部的限权机制和官员们本身的德行操守。

层次三——以法限权。该层次对法治的要求，与第二层次相近，也是希望能达到政府官员有法必依，但由于第二层次缺乏有效的限权机制，依靠执政者内部的限权机制和官员们本身的德行操守难以达到标准，故必须在执政者以外建立一系列由法律所规定的外在限权机制。

层次四——以法达义。该层次的法治要求法律本身的内容必须包含能实践公义的价值。公义亦可再细分为四个次层级：程序公义要求法律程序符合一些程序公平性的要求；公民权公义要求法律能保障所有公民的一些基本权利；社会公义要求经济资源分配及再分配的制度能满足公民最基本的生活水平；商议性公义要求法律提供一个平台，让持不同价值观的公民或团体可就一些社会争议很大的公共议题进行商讨以达成共识。

四、设计法治评估的方法要依什么原则

第一，评估方法须是有效的，即评估方法能有效地反映出法律体制的实际情况。第二，评估方法须是可信赖的，即评估方法能准确地把法律体制的法治表现量度出来。第三，评估方法须是公正的，即评估方法不会容许不相关的因素影响量度的结果。要符合这三项原则，统筹整项法治评估的机构应由具备相关法治评估知识、拥有足够资源，并可以独立运作的研究机构负责，政府部门不适合负责法治评估的具体工作。

五、各法治层次的各项法治要求的法治指标是什么

由于法治的四个层次有着不同的法治要求，要有效地、可信赖地及公正地评估一个地区或法制的法治水平，就要为各项法治要求定出一些

可供评估或量度的指标。由于法治是一个相当复杂的社会现象，故每一法治要求可能需要多个指标才能把相关法治要求的具体情况表述出来。由于法治所包含的法治要求众多，而各法治要求又可能超过一个指标，因此评估方法必须有一个相当清晰的理念框架去指引如何为各法治层次、各层次的各法治要求及各法治要求下的指标定出其占整体评估的权重是多少。

六、怎样掌握法律体制在各法治层次、各项法治要求及各法治指标下的表现

评估方法主要分为两种：客观评估和主观评估。客观评估是依靠一些客观的数据，依据一些计算的方程式去推算出相关的法律体制在那些指标下的表现如何。但即使使用多项客观数据进行整合推算，也难以推算出法治的全面状况。因此，要进行法治评估，无可避免要透过主观评估，即透过不同的人，按他们的认知对法治进行评估。

七、由谁来作主观性的法治评估？为什么选择他们来负责评估

要透过主观评估来掌握法治的现状，就要决定由谁来负责进行评估。现行不同的法治评估系统大体是由以下三类人士作为主观评估的评估人。

第一类是由一般民众进行评估。选取他们是为了得到一般人对法治实践程度的观感，但一般民众能否掌握足够资料去判断法治水平则存在疑问。

第二类是由法律体制外的专家如商界人士、法律学者、记者等负责对法治进行评估。理由是他们拥有相关的专业背景去做出相对客观和准确的评估。

第三类是由法律体制内的专家如政府官员、法官、执法人员负责评估。选取他们是因他们拥有实际经验，对法治的实际状况了解最深。但由于他们也可能是被评估的对象，故由其负责的评估所得到的结果出现偏颇的可能性较大。因此，在评估过程中，须确保个别评估人的独立性及他们所提供资料的保密性。

具体操作中，可将三类评估人都包括在内，但需要有清晰的理念框架去安排他们的评估所占整体评估的权重。

八、法治评估会以什么形式进行？法治评估的结果会以什么方式整合及表述出来

确定了由谁负责评估后，就要决定评估以什么方式进行。评估人可以透过对各法治层次的各项法治要求的指标做出评分，评估人也可以对法律体制在某一指标下的表现作质量评述。质量评述虽然比评分更能反映法律体制的实际运作情况，但却难以把结果与其他法治层次的不同法治要求及法治指标的表现整合起来。

评估方式也会影响总体法治评估的结果会以什么方法整合及表述出来。评分的方式会较容易地整合出一个普通人能够明白的结果，但要把法律体制在不同法治层次、不同法治要求及不同法治指标的表现透过评分合理地整合起来，就要在理念框架上有清晰的指引，尤其是决定各项评分在整体评估中所占的权重是多少。

专栏

法治指数设计的思想维度

近年来，“法治指数”的学术理论研究及其工程设计，已悄然成为中国社会的热点，而且相关部门也都热衷于制定相应的法治指标体系。这提醒我们不能不特别关注中国现实背景下的法治指数设计理应加以认真对待的若干思想维度。

法治指数的虚与实。设计中国法治指数切忌贪大贪多和求全，还是从最重要的方面点滴入手而渐次展开为妙。

法治指数的中国与世界维度。最为核心和艰难的任务就是要加强对世界法治文明的发展规律与真实境况的研究，加强对中国政治文化传统和法律文化传统的真切研究。

法治指数的普遍性与特殊性。要对历史与现实中存在的真实的法治进行真正的理论研究，以发现并准确地揭示出作为历史与现实的法治标本所具有的普遍性。

法治指数的诚信与虚构。必须尊重法治的基本规律并实事求是地对待其所处的社会事实，法治指数才有可能是真实的贴近社会现实和生活的法治实践方案。

法治指数的理想与现实。包含着全国性的综合层面的各种普遍性因素和各个地方性的综合层面的各种特殊性因素。

法治指数的定性与定量。从法治与人的真实生活的逻辑联系来看，中国法治指数设计可能更多地需要考虑定性的因素。

法治指数的建构主义思维与法治的渐进主义逻辑。法治指数的设计和应用不能不顾法治本身在社会意义上存在的渐进主义的内在逻辑。

法治指数的科学与人文维度。真正的根基与实质内容都是饱含人文主义质素的，而这恰是当今中国法治指数工程设计及其实施必须要高度重视的基础性问题。

资料来源：吉林大学法学院 姚建宗

九、法治评估将如何被应用

在得出某一地区或法制的法治评估结果后，这些结果将会如何被应用也可能会影响到法治评估的公信力。若法治评估的结果被用作评估官员表现的指标，那会促使被评估的官员对法治评估进行干预，令评估的可信性及公正性受质疑。但若评估只是作为进一步发展法治或改善法治的依据，那么出现这种问题的机会应较少，也更符合法治评估的根本目的。

十、有哪些方面是法治评估所不能知道的

按上述原则所做的法治评估仍有局限。因为它只能掌握一个地区或法制的法律体制能符合多高层次的法治，但为何这些法律体制未能达到更高层次的法治要求，该评估难以提供解答，这是由于法律评估的主要对象仅针对法律体制，而未涉及法律文化等其他诸多方面。

他山之石：“世界正义工程”量化“法治指数”评估体系

为了以量化的方法来判断一个国家的“法治”程度，美国律师协会联合国际律师协会、泛美律师协会、泛太平洋律师协会等律师组织，发起了“世界正义工程”（the World Justice Project），并分别于2008年7

月2日至5日和2009年11月11日至14日在奥地利维也纳先后举办了两届“世界正义论坛”（the World Justice Forum），号召各国政府和非政府机构做出长期承诺，一同促进“法治”在世界范围内的不断发展、促进公平正义的早日实现。其中，“世界正义工程”的重要贡献之一就是提出并不断完善“法治指数”（the Rule of Law Index）这一评估体系，作为衡量一国法治状况的重要“量化”标准。

“世界正义工程”经过与100多个国家的17个专业领域的领导、专家、学者、普通工作人员的长期考察研讨，规范了为各国普遍接受的“法治”工作定义的4项基本原则，即政府及其官员均受法律约束；法律应当明确、公开、稳定、公正，并保护包括人身和财产安全在内的各项基本权利；法律的颁布、管理和执行程序应公开、公平、高效；司法职业担纲者应由德才兼备、独立自主的法官、律师和司法人员组成，这些人员应数量充足、资源充沛并具有一定代表性。同时，根据这4项基本原则并经过广泛调研与试点，总结出具有世界代表性的评估一国法治状况的“法治指数”。该指数体系共分为4组，共计16个一级指数和68个二级指数。第一组指数强调了法治的宪法化和制度化，以此来保证执政权力受到约束；第二组指数侧重于法治是以公正、公开和稳定的立法体系为依托；第三组指数重点是法治在不偏不倚的司法过程中的公开、公平与高效性；第四组指数则突出了法治需以独立自主、德才兼备的法律人群体为保障。此外，“法治指数”主要利用两大数据来源对法治状况进行分析评估。首先采用“普通人口抽查（GPP）”方式，由资深的专业公司对每个国家中3个城市的1000名受访者进行抽样调查，每3年进行一次；其次采用“专家型受访者问卷（QRQ）”方式，每年进行一次，受访者包括民商法、刑事司法、劳工法和公共健康等各领域的专家学者。

值得一提的是，为了能在全世界推广统一的“法治指数”，世界正义工程在设计和发展“法治指数”时，注意扩展了评价的范围，并使衡量尺度更富于弹性。不仅考察书面上的法律法规，也关注实际中的执行情况；把相关的非正式制度也纳入对正式的法律系统进行审查的射程之中；从现存的国际标准和准则中，采纳今后可以用以衡量各国法律系统的指标；最大限度增强对法治进行评价尺度的国际兼容性，力求搭建起描绘法治关键功能的框架。

“法治指数”评估体系不仅可以衡量法治建设的进度与制度化基础、立法与法律法规的执行和管理细节，而且可以有效地规范政治运行、推进社会改革与进步，更重要的是可以发现和防止倒退情况的发生，因此具有引导功能、评价功能、预测功能，同时还可以作为国家间相互借鉴的蓝本，为彼此所用。

原则一：政府及其官员均受法律约束

原则一包含五项指数，均为限制政府权力的宪法机制和政府机构之间关系方面的制度。政府及其官员应当对法律负责，其权力应当受到法律约束。政府是否完全依法办事是衡量法治水平的重要标准。

指数 1　政府及其官员的权力通过宪法或其他基本法加以界定和限制

1.1 政府的权力通过成文宪法、不成文宪法或其他基本法加以界定和限制。

1.2 基本法的修改只能依据该基本法中规定的规则与程序进行。

1.3 基本法所保障的权利与特权只能依据该基本法中规定的规则与

程序加以中止。

指数 2　政府及其官员的权力通过政府机构之间的制衡与非政府力量的制约受到限制

2.1 基本法在政府各部门之间适当分配职权，以保证相互制衡。

2.2 政府建立对各部门进行独立审计与评查的正式程序。

2.3 立法与司法机关履行职责时可要求行政机关向其提供最新、准确的信息。如确有必要，行政机关对于敏感信息可不予提供。

2.4 政府向公众与媒体提供及时而准确的信息。法律规定的不提供信息的例外情况应当严格限制，而且要有正当理由。

2.5 政府官员、媒体工作者和渎职行为检举人得到应有保护以免受打击报复。

指数 3　政府官员严格依法办事，承担相应的法律责任

3.1 政府官员对其不当行为承担法律责任，包括滥用职权谋取私利、超越职权范围和侵犯他人基本权利。

3.2 政府官员可被强制履行法定职责，并不得从事任何违反法律的行为。

3.3 政府建立审查其官员相关行为的正式程序，并对不当行为采取有效的制裁手段，包括通过公开的程序罢免高级官员。

指数 4　军队、警察和监狱的工作人员严格依法办事，并承担相应的法律责任

4.1 基本法规定由文职政府控制警察和军队。

4.2 军队、警察和监狱的工作人员对其不当行为承担法律责任，包

括滥用职权谋取私利、超越职权范围和侵犯他人基本权利。

4.3 军队、警察和监狱的工作人员可被强制履行法定职责，并不得从事任何违反法律的行为。

4.4 政府建立审查军队、警察和监狱的工作人员相关行为的正式程序，并对不当行为进行有效制裁。

指数 5　政府受其缔结的国际协定与习惯国际法的约束

5.1 政府对其管辖范围内的人员履行国际法上的义务。

5.2 政府根据其缔结的国际协定与习惯国际法处理与外国政府和国民之间的关系，并寻求解决国际争端。

原则二：法律应当明确、公开、稳定、公正，并保护包括人身和财产安全在内的各项基本权利

原则二包含指数 6—9，阐述了法律所应具备的明确、公开、稳定、公正等要素，以及维护法治发展所必须保护的几项基本权利，包括人身安全和财产安全。

指数 6　法律应明确、公开、稳定

6.1 法律应为公众所理解。

6.2 法律法规应使用各种官方语言及时公布、定期更新，并应方便残疾人获取和使用。

6.3 法律应足够稳定，以使公众明确判断法律所允许和禁止的行为范围，法律不应以秘密方式或通过行政法令修改或规避。

指数 7　法律是公正的，并保护人们的基本权利

7.1 法律禁止基于经济与社会地位的任何歧视，包括种族、肤色、民族、社会出身、社会等级、国籍、外侨身份、宗教、语言、政治见解与派别、性别、婚姻状况、性取向、性别认同、年龄、健康状况等。

7.2 法律保护个人迁徙自由、意志自由，保护隐私权、言论自由、集会自由、结社自由和劳资谈判之权利。

7.3 法律保护思想自由、良知和宗教自由，不要求非宗教信徒服从宗教法律。

7.4 法律禁止强制劳役与雇佣童工。

7.5 法律保障刑事被告的权利并禁止刑法溯及既往。

7.6 法律保护因基本权利受到侵犯而向有管辖权的法庭寻求有效救济的权利。

指数 8　法律保护人身安全

8.1 法律保护公民免受政府的不公正待遇或处罚，包括酷刑、任意逮捕、拘禁和流放。

8.2 法律禁止并惩罚侵害人身安全的犯罪。

指数 9　法律保护财产安全及从事私人经济活动之权利

9.1 法律保护拥有、转让、租赁或许可财产的权利（包括不动产、个人财产和知识产权）。

9.2 法律禁止任意剥夺财产之行为，包括政府未作正当补偿而征用财产。

9.3 法律禁止并惩罚侵犯财产的犯罪。

9.4 法律保护从事合理监管下的私人经济活动之权利。

原则三：法律的颁布、实施和执行程序应当开放、公平、高效

原则三包含指数 10、11，阐述了法律颁布、实施和执行程序的开放性、公平性和高效性。

指数 10　法律的颁布、实施和执行程序应当对公众开放

10.1 立法与行政程序的进行应当事先及时发布通知并向公众开放。

10.2 立法过程应当允许参与人各抒己见并充分考虑各种不同观点。

10.3 行政过程应当允许参与人各抒己见并充分考虑各种不同观点，建立利害关系人出席机制。

10.4 正式的法律草案与立法和行政活动的会议记录应当及时向公众提供。

10.5 行政决定和司法裁判应当及时公布并广泛印发。

10.6 公众可以方便地获得警方的帮助。

指数 11　法律的实施和执行应当公正、高效

11.1 法律应当得到有效执行。

11.2 适用和执行法律不得武断专横、有失公平，不得谋求特定的政治利益，不得对合法言行进行打击报复。

11.3 法律的实施和执行不得受到公职人员或私人团体的不当干预。

11.4 实施和执行法律的国家公职人员不得向个人和团体收取过高或不当费用，不得以及时履行职责为由向个人和团体收受财物，法律有明文规定的除外。

11.5 不得无故拖延行政程序，且应及时执行行政裁决。

11.6 警察队伍应当训练有素、数量充足、装备精良且具有广泛的社

会代表性。

11.7 矫正机构应当具有良好的条件。

原则四：法官、律师和司法工作者应当称职、独立，具备职业道德，而且数量充足、装备精良并具有一定社会代表性

原则四包含指数 12—16，着重阐述了建立一支公正、负责的司法队伍以及高效、开放、有效的司法制度的必要性。本原则还涉及替代性纠纷解决机制、传统纠纷解决机制、社区纠纷解决机制与宗教纠纷解决机制在提供独立、公正的司法救济方面能够发挥的作用。

指数 12　法官、检察官和其他司法工作者应当中立、负责

12.1 司法程序和司法判决应当摒除偏见，排除公职人员或私人团体的不当影响。

12.2 检察官、法官和其他司法工作者应当严格遵守高标准的司法人员行为准则，如有不当行为应当受到惩戒。

12.3 检察官、法官和其他司法工作者的选任、晋升、派遣、薪酬、经费保障、免职、惩戒，应当符合促进司法独立、培养司法责任的目的，而且这些人员应当具有广泛的社会代表性。

指数 13　司法制度应当高效、开放、有效

13.1 检察官、法官和司法工作者应当德才兼备、训练有素，并且数量充足、装备精良。

13.2 不应无故延误司法程序与判决执行。

13.3 法律应当对违法行为造成的后果提供及时、有效的救济，从而进一步防止违法行为的发生。

13.4 法院应当具备良好的办公条件，并设置在交通便利、安全可靠的地区。

13.5 检察官、法官或其他司法工作者不应向寻求司法救济的当事人收取过高费用或其他不当财物。

13.6 不应对司法救济的诉求设置不当障碍。

13.7 身体或智力有残障的刑事被告人应当获得必要的法律援助、辅导服务及其他帮助，以方便其更充分地参与刑事辩护。

13.8 法庭应当为有需求的刑事被告人提供准确的翻译服务，以方便其与法庭之间能够准确地互相理解。

指数 14　诉讼当事人应当由合格且独立的律师或代理人向其提供法律咨询或代理服务

14.1 被控违法而可能受到刑事处罚的人有权在各个重要的诉讼阶段获得合格的律师或代理人的代理服务。法院有义务为无支付能力的被告提供合格的代理服务。

14.2 建立非营利性的或政府资助的法律服务机构，以确保全体公民无论经济或社会地位如何，在民事和刑事案件中均有权获得合格的法律咨询或代理服务。

14.3 律师或代理人独立于政府，遵守高标准的职业道德准则，如有不当行为应当受到惩戒。

14.4 律师或代理人应当德才兼备、训练有素并且数量充足。

指数 15　替代性纠纷解决机制提供独立、中立、公平、高效的司法救济

15.1 调解员与仲裁员应当中立、独立，不受政府控制。

15.2 调解员与仲裁员应当遵守高标准的职业道德准则并为其不当行为接受惩戒。

15.3 调解员与仲裁员应当德才兼备、训练有素并且数量充足。

15.4 替代性纠纷解决机制提供高效的司法救济。

15.5 除非当事人同意，替代性纠纷解决的结果不具有拘束力，但法律有明文规定或法院强制要求的除外。

指数 16　传统的、社区的及宗教的纠纷解决机制均应当提供独立、公平、公正的司法救济

16.1 传统纠纷解决机制、社区纠纷解决机制与宗教纠纷解决机制的裁判者应当独立公正、遵守高标准的职业道德准则并为其不当行为接受惩戒。

16.2 传统纠纷解决机制、社区纠纷解决机制与宗教纠纷解决机制应当尊重和保障个人的基本权利。

16.3 除非当事人同意，传统纠纷解决机制、社区纠纷解决机制与宗教纠纷解决机制的结果不具有拘束力。

余杭实践：中国内地首个法治指数的标本意义

“法治指数”评估体系不仅可以衡量法治建设的进度与制度化基础、

立法与法律法规的执行和管理细节，而且可以有效地规范政治运行、推进社会改革与进步，更重要的是可以发现和防止倒退情况的发生，因此具有引导功能、评价功能、预测功能，同时还可以作为国家间相互借鉴的蓝本，为彼此所用。

改革开放30余年，也是法治中国探索的30余年。在这期间，中国进行了一系列的法治论证和实践，法治指数就是其中的一个探索和见证。2005年，香港诞生了中国第一个“法治指数”。2006年，浙江省杭州市余杭区委区政府提出建设“法治余杭”的目标，并根据学者建议，委托浙江大学牵头，联合中国社会科学院、中国人民大学、香港大学、司法部、国家统计局等单位的专家学者，共同探索“法治量化考核评估体系”，率先在中国内地进行法治指数实验。课题组采取量化考评的方案，通过事先设计一系列法治参数、收集相关数据和资料、组织专家学者研讨、群众测评、进行数量化计算等步骤，于2008年6月15日测算出余杭区2007年度法治指数为71.6。此后，“余杭法治指数”每年由浙江大学、中国法治研究院测定发布（2008年度为71.84，2009年度为72.12，2010年度为72.48，2011年度为72.56）。“余杭法治指数”发布后，引发了量化法治的热潮。例如，中国法学会正在研究测定若干城市的法治指数；中国社会科学院法学所成立了法治指数实验室；“司法透明指数”“电子政府发展指数”等相继诞生。

2006年10月8日，根据前期确立的研究意向，余杭与浙江大学光华法学院签订了法治余杭量化评估体系课题的协议，组建课题组，课题组借鉴香港经验，开始独立运作，向全区48个部门、14个乡镇街道收集了1000多条指标数据，确立了党委、政府依法行政、司法公平正义等9项法治目标任务，分总指标、区级机构指标、乡镇指标、农村社区指标4个层次展开评估。在评分上设立了内部组、外部组，内部组由党委、人大、政府及司法机构中直接参与法律工作的人员组成，外部组包括新闻界、律师界、企业界人士等。另外一块是民意调查工作，每年都组织进村入户的抽样调查，要求不少于1000个样本，对群众的法治满意度进行统计。然后，将内外审组的最后得分与分析报告交给专家评审组评分，专家组根据以上情况进行打分，及格分为60分，满分为100分，最终的“法治指数”，由四部分的平均得分加权后计算得出，其中，人民群众满意度调查占据最大比重，为35%，内部和外部组分别为17.5%，专家组为30%。

2007年年底，《“法治余杭”量化考核评估体系》最终出炉。余杭区委下发关于印发《“法治余杭”量化考核评估体系》的通知，按照量化评估体系，全区范围的所有职权部门进行了一次全方位的体检。

“法治余杭”量化评估体系可以用“149”三个数字来概括，即1个“法治指数”、4个“评估层面”、9张“调查问卷”。

4个“评估层面”囊括区本级、区级机关各部门、各镇乡（街道）和村（社区）四个层面；9份“调查问卷”设计为党风廉政建设、政府行政工作、司法工作、权利救济、社会法治意识程度、市场秩序规范性、监督工作、民主政治参与、安全感和满意度。

区级政府的公权力几乎受到“横向到边、纵向到底”的问卷调查，《“法治余杭”量化评估考核体系》中的1000多个数据，“盘问”了余杭法治的方方面面。

2008年6月15日，“余杭法治指数”首次新闻发布会上，中国政法大学终身教授江平代表课题组宣布：“2007年度余杭法治指数为71.6”，这是中国内地第一个法治指数，标志着中国的法制建设在指标量化和价值评估体系科学化方面迈出了可喜的一步。

每一年的法治指数出台后，余杭区根据民意调查和专家评审的意见建议，分析梳理群众反馈的突出问题和薄弱环节，并根据职责分工和意见建议来源，明确相关责任单位，以交办单的形式反馈，要求限期整改。

余杭区还组建了8个“法治余杭”专项工作小组，成立了法治建设监督员队伍，对各部门、各乡镇（街道）的法制建设工作展开不定期检查。首先是实行过程考核，对“法治指数”失分的单位进行重点调研、督促整改，帮助责任单位及早补足“短板”问题。

近年来，余杭区共发出了120余份整改交办单。2008年首个指数问题反馈时，从285条群众建议中梳理整合了9方面22条意见，涉及28家责任单位，分别牵头加以落实。

如针对外审组的市民在问卷中反馈“政府信息公开力度不够，决策过程透明度有待提升”的意见，余杭区自2008年起在程序控权方面做了大量的探索工作。2009年，余杭区制定出台了《杭州市余杭区行政决策程序规定（试行）》，初步建立了公众参与、专家论证、合法审查和政府决定相结合的行政决策体系。同时，在全区范围内积极推行政府“开放式决策”，网上直播区委常务会议，拉开了余杭区“开放式”决策的序幕。

在2009年的指数调查中就有市民提出：“乡镇政府在拆迁、征地等行政活动中存在手续不全等情况，仍然需要改进。”为此，余杭区在拆迁工作中，坚持在每个行政强拆决定做出前举办听证，及时消除被拆迁人的疑虑。2009年共组织行政强拆听证会20余场，涉及被拆迁户80余户，约30户在听证会后主动签订了拆迁协议。此外，组织法律专业人士成立项目建设法律服务团，为项目建设提供咨询、论证等法律服务，促进了区重点建设项目的顺利推进。

从2005年开始至今， 71.60、71.84、72.12、72.48、72.56，5年的指数，整体虽然仅上升了1个百分点，却实属不易，这个微小的数据是余杭区法治建设发展的见证。从最初开全国先河的探索性尝试，到如今定期评审、整改提升的常态化运作，余杭区在应用法治量化考核评估体系、提升区域法治建设水平上走出了自己的路。

目前，作为全国地方法治经验的《余杭法治报告》已经连续5年载入权威的法治蓝皮书——《中国法治发展报告》。其中2011年的法治蓝皮书认为，余杭的法治指数经过4年研究、3年评审，已经形成一套比较成熟可行的法治评估方法。这套方法适合中国国情……国内不少地方已经开始探索法治评估，从这个意义上讲，法治评估是未来中国法治的一个增长点。

作为研究推进中国法治的一个样本，“余杭法治指数”正在产生法治领域的“试验田效应”。首先，余杭区经过5年的法治指数实验，形成了一套较为可行的法治评估方法和有效的制度约束，促使政府在社会管理工作上有的放矢，预防行政行为产生偏差，激励各部门推动法治建设，在社会管理中发挥了引导、激励、规范和创新的作用，同时，也带动了全国各地的法治建设。继余杭法治评估活动之后，2010年9月，无锡市率先在江苏全省出台法治城市创建评估指标体系，用131项三级指标提供决策依据，紧接着《南京市法治建设绩效评估指标体系》和《南京市法治建设绩效管理办法》下发。2011年4月，四川省司法厅完成《四川省“法治指数”和法治环境评估体系》。2012年4月，昆明市发布法治指数，为首家发布法治指数的省会城市。2013年1月，深圳市两会上，政协的一号提案就是《关于把深圳建设成一流法治城市的建议》。中国法学会目前正尝试在若干个城市测定法治指数；全国已经有不少地方正式启动或探讨法治评估活动。

2012年，浙江省高级人民法院采纳学者建议，将司法透明指数作为重点调研课题。浙江大学受浙江省高院委托，开展司法透明指数研究，并选取浙江湖州市吴兴法院为试点。2012 年 11 月 1 日，在“司法透明指数论证会”上，课题组发布了吴兴区法院司法透明指数。在杭州市委市政府的大力支持下，经过两年多的努力，浙江大学、国际善治、中国法治研究院合作完成了电子政府发展指数课题，并于 2012 年 12 月 15 日在“中国法治国际会议”上发布了杭州市电子政府发展指数。司法透明指数和电子政府发展指数均系国内首次发布，其实质是法治指数的进一步拓展。

必须看到，任何形式的量化指标体系评估都无法做到十全十美，法治余杭量化考核评估体系在实践中也凸显了一些需改进完善的方面。例如，在量化评估体系的可信度和有效性方面，目前余杭法治指数主要是满意度的指数，采用的方式基本是主观意见的测量，造成最终指数分值并不能直接反映地方法治建设所做的工作，仅能反馈社会和群众的评价水平。

评估指标的设置方面，有些指标无法实现真正量化，不适合做一个客观的测量，在实际操作中，指标体系的前瞻性也有待加强。余杭在 2010 年下半年印发了《“法治余杭”量化考核评估体系（修订稿）》（区委办〔2010〕152 号），但新的评估体系只是针对出现的问题进行修改完善，前瞻性还需进一步加强。此外，指数评估的周期有待进一步商榷。目前，余杭法治指数的评估周期为一年一次，鉴于法治建设的渐进性特征，每年进行指数评审无法明显体现法治建设的实际成效，需要根据实际情况确定一个科学合理的评估周期，以便更准确、客观地反映一个周期内区域法治化水平的变化。

2013 年 2 月，习近平总书记在中共中央政治局第四次集体学习时强调，全面推进科学立法、严格执法、公正司法、全民守法，坚持依法治国、依法执政、依法行政共同推进，坚持法治国家、法治政府、法治社会一体建设，不断开创依法治国新局面。有关专家认为，源于党的十八大报告的“科学立法、严格执法、公正司法、全民守法”十六字方针，是对法治建设的新要求，也是全面推进依法治国的核心内容。专家建议，以“科学立法、严格执法、公正司法、全民守法”十六字方针为指导，制定科学的依法治国评价指标体系，推出中国特色的“法治指数”，对全面推进依法治国的效果进行科学的评估。让依法治国评价指标体系成为评价依法治国进程的标尺和提升法治建设水平的引擎。

文化软实力与
公共文化示范区创建指标体系

完善评价指标体系，推动公共文化服务科学发展

国家的治理，不仅体现为体制机制的能力，它还越来越多地体现在一国的文化软实力上。“十二五”时期，公共文化服务体系面临实现科学发展上水平的中心任务，必须在工作重点、方式方法上实现转变，实现理论建设与实践推进并重，硬件建设与软件建设并重，工作内容点、线、面并重。对于示范区创建而言，提升公共文化服务效能仍然是需要不断探索的课题。建立完善的评价指标体系，一方面有利于把握公共文化服务体系建设的情况，另一方面对于固强补弱、指导实践、提升质量和效益意义重大。可以说，科学、完善的评价指标体系是落实十八大“提升公共文化服务效能”要求，推动文化科学发展的关键因素。

公共文化服务评价指标体系是国内外探索的重要课题

公共文化服务体系建设是各级政府的重要职责，公共文化服务的评价对象一般为以政府为主体的公共文化服务机构。当前，无论是国外的一些发达国家和地区，还是中国一些地方政府，都在探索建立完善的公共文化服务评价指标体系。首先，国外对公共文化服务评价指标体系的探索，源于对政府绩效问题的关注。20 世纪 50 年代，英美等国开始进行预算和审计制度改革，到了 20 世纪七八十年代，以“新公共管理运动”为标志，西方发达国家普遍进行政府绩效评估改革，由此，公共文化服务绩效管理的序幕拉开。发达国家和地区的探索经验表明，建立完善的评价指标体系对于提升公共文化服务效能，衡量公共文化服务体系建设程度，保障公民的文化权益等是重要工具和制度保障。其次，随着中国掀起公共文化服务体系的建设热潮，北京、浙江、上海、福建等一些地方政府纷纷进行探索，发展出多个评估指标体系并尝试应用。比如北京市朝阳区在示范区创建东部标准的基础上，进一步探索出“2+5”公共文化服务绩效评估体系，并形成公共文化服务体系建设的长效机制。由于文化的特殊性，比如文化发展的效益模糊，有时并不是立竿见影的，公共文化服务评价指标体系的建设是世界性的难题，国内外都在进一步探索和完善公共文化服务评价指标体系。

公共文化服务评价指标体系是公共文化发展的迫切需求

新时期人民群众对共享文化发展成果有了更高的期待，从而对改善政府公共文化服务绩效提出了迫切需求。公共文化服务需求变化与供给

专栏

国外公共文化服务统计指标

联合国教科文组织文化统计框架主要包括：文化遗产；印刷品和文学；音乐；表演艺术；视觉艺术；电影、摄影；广播；社会文化活动；体育游戏；自然与环境。1995年，欧盟统计局和欧洲调查委员会（Eurobarometer）在文化统计领域设立了四个方面的主要任务：文化活动分类；文化职业分类；文化基金和开支分析；各类文化领域的个人参与情况调查。欧盟领导集团（LEG）则认同了欧盟各国通用的8个文化和艺术领域：文化遗产；档案；图书馆；书籍和报刊；造型艺术（如视觉艺术）；建筑；表演艺术；音视频、多媒体。

新西兰文化部和统计部2006年联合发布了《新西兰2006年文化指标》（Cultural Indicators for New Zealand 2006），首次尝试对当地文化活动进行全景统计描述，提出了包括文化参与、文化差异、文化贡献、社会凝聚力等方面五大主题，下设数十个主要指标。值得一提的是指标中体现了相当强烈的人文关怀，如其中涉及统计新西兰的土著民族——毛利人本族文化的保护情况，例如毛利人用毛利语进行日常交流的情况、毛利语电视的普及率等，体现了对弱势文化生存权利的重视。

资料来源：中国电子政务网2012年6月18日

能力不足的矛盾仍然制约公共文化服务的发展，在各地公共文化服务设施利用率不高、公共文化活动吸引力不大、公共文化服务质量不尽如人意等现象仍较为普遍。绩效评估是推动公共文化建设、促进其健康发展的一种重要机制，既为政府文化管理改革创新指出方向，也为满足社会日益增长的精神文化需求、进一步提升公共文化服务能力和水平提供了制度保障。绩效评估的关键在于建立科学的评估指标体系。当前，中国的绩效评估存在于一些传统的政府部门内部的考核中，但缺乏独立的、完整的公共文化服务评价指标体系。《国家公共文化服务体系示范区（项目）创建标准》虽然只是示范区创建最基本的指标要求，但涉及公共文化服务的各个方面，是相对较为完整且可操作性较强的指标体系，其评价结果可为新的公共文化决策、财政投入优化和文化资源配置等提供直接的参考依据。

完善公共文化服务评价指标体系是文化建设的重要任务

构建公共文化服务体系是现阶段和未来相当长时期中国文化建设的重要战略任务，而完善公共文化服务评价指标体系更是公共文化服务体系建设的必然要求。在中国公共文化服务政策文件中，加强公共文化服务绩效评估，完善评价指标体系的任务要求更加明确和具体。如 2006 年出台的《国家“十一五”时期文化发展纲要》提出，今后要建立健全公共文化机构评估系统和绩效考评机制。2011 年，党的十七届六中全会报告做出“构建公共文化体系”总体部署，要求“制定公共文化服务指标体系和绩效考核办法”。到 2013 年 1 月 14 日《文化部“十二五”时期公共文化服务体系建设实施纲要》颁布，这一项任务变得更加具体，即“完善公共文化服务绩效评价指标体系。建立健全政府、文化行政部门、公益性文化单位、重大文化项目工作考核机制，建立科学合理的绩效评价指标体系”。中国公共文化服务评价指标体系的研究与实践，与发达国家和地区相比，处于较为落后的状态，有必要建立一套吸纳先进经验、符合中国公共文化服务体系建设要求的绩效评估指标体系。

科学合理的指标体系是提升公共文化服务效能的有效手段

第一，建立科学合理的公共文化服务指标体系，有利于明确各个层面在公共文化服务中的责任。参与公共文化服务的既有政府文化行政管理部门，又有大量的公益性文化事业单位，还有各种社会办非营利文化组织、团体等。建立一系列的公共文化服务指标，可以将各方在公共文化服务体系中的责任量化、细化、标准化，从而更好地发挥作用。

第二，建立科学合理的公共文化服务指标体系，有利于促进公共文化服务的规范化、制度化。要建立长效、畅通、便捷的公共文化产品和服务的供给机制，使更多公众受益，就必须设计科学、全面、具体的指标作为工作依据，从各个维度全面规范政府、公益文化事业单位和其他社会组织的具体文化服务行为，并将这种规范通过制度加以固化，使公共文化服务有依据、有标准，避免公共文化服务体系建设因人而异。

第三，建立科学合理的公共文化服务指标体系，有利于提高政府公共文化服务水平。指标体系在促进政府加强公共文化服务职能的同时，也使政府推进公共文化服务工作有依据、有标准，从而避免了盲目性和随意性。整体设计和考量的公共文化服务评估体系，使不同地区公共文化服务体系建设水平、质量具有可以比较的基础。

示范区创建指标体系推动创建工作科学化、规范化、制度化

当前公共文化服务体系建设正处于整体推进、科学发展、全面提升的新阶段，示范区建设全面启动且取得显著成效。2011 年正式实施的《国

家公共文化服务体系示范区（项目）创建标准》（以下简称《创建标准》）是完整的公共文化服务评价指标体系，在指导示范区创建实践，明确政府责任、规范公共文化服务行为、提升公共文化服务水平等方面发挥重要作用。科学合理的指标体系设计既要符合公共文化服务政策要求，又要符合公共文化服务体系建设发展规律，既能体现公共文化服务体系建设的现状，也能指导、推动公共文化服务体系建设工作，并为科学决策提供依据。在《创建标准》的指导下，示范区创建工作逐渐走上科学化、规范化、制度化的轨道。

示范区创建指标制定过程注重科学论证与基层实践的统一

第一，示范区创建具体指标设定有充分的政策依据。主要以党的十七届五中全会、全国文化体制改革工作会议精神和《中共中央办公厅、国务院办公厅关于进一步加强农村文化建设的意见》（中办发〔2005〕27号）、《中共中央办公厅、国务院办公厅关于加强公共文化服务体系建设的若干意见》（中办发〔2007〕21号）、《公共文化体育设施条例》《国家“十一五”文化发展规划纲要》和公共图书馆、文化馆（站）等公共文化设施建设标准、用地指标、评估定级标准等为依据，制定具体创建标准。

第二，示范区创建标准制定与制度设计研究结合。示范区创建的重要目标之一，是针对当前公共文化服务体系建设存在的突出问题，根据中国区域差异、城乡差异的具体实际，对涉及全局性、战略性的重大问题进行研究，提出相关政策建议和具体解决方案，探索公共文化服务体系建设的路径、模式和规律。因此，在制订《创建标准》时，充分依托

□《2009 年联合国教科文组织文化统计框架》涵盖的领域

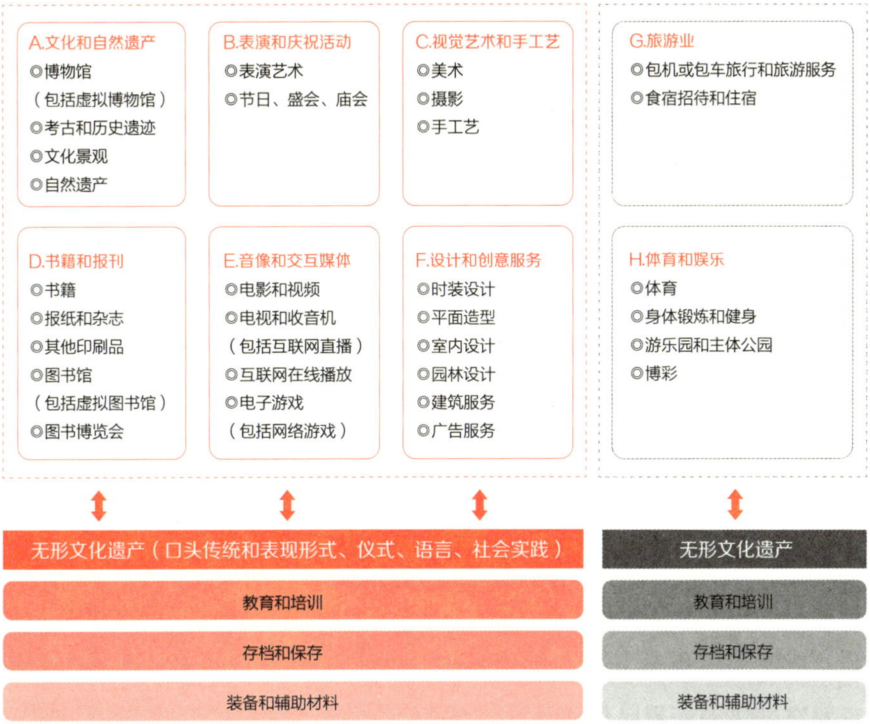

资料来源：于群、李国新等主编：《中国公共文化服务发展报告（2012）》

制度设计研究工作机制，充分吸纳制度设计研究取得的成果，为各地开展创建工作发挥重要指导作用。

第三，示范区创建标准制定过程广泛征求多方意见。自 2011 年以来，文化部组织有关司局深入东、中、西部省（区）调研，在起草《创建标准》时，听取了各地文化部门和基层文化工作者的意见，并广泛征求了国家发改委、财政部等部门的意见，同时听取了中国社科院、北京大学、清华大学等科研机构和高校专家的意见。

示范区创建指标体系建设注重发展需要与创建实践的统筹

第一，示范区创建指标充分考虑地区发展的差异性。创建示范区所担负的一项重要责任就是要为全国同类型地区公共文化服务体系建设提供可供借鉴的经验。中国幅员辽阔，东、中、西部不同地区经济社会的发展水平和公共文化服务体系建设差异很大。作为示范区创建的重要指导性指标，《创建标准》充分考虑了各地实际，没有采取“一刀切”，而是分成东、中、西部并分别制定了不同的创建标准，以使测评体系能够更符合中国公共文化发展规律，更好地指导中国公共文化服务体系示范区创建。

第二，示范区创建具体指标根据实际需要与可能设定。为了指导创建工作，文化部、财政部分东、中、西部分别制定了明确的创建标准，这些标准都是创建示范区在创建周期内必须达到的基本目标和最低要求。也就是说，创建标准是示范区应该达到的最低标准，不是最高标准。在创建过程中，各地可以结合自身的实际，以创建标准为参照，制定出可以达到的更高目标，做到普遍达标与重点突破的结合。比如，东部发达地区就应该瞄准发达国家和本地类似地区的指标，承担起率先追赶国际一流水平的重任；中西部地区也应该结合自身实际，寻找追赶目标，实现跨越式发展。

第三，示范区创建指标更加注重指标量化与可操作性。公共文化指标体系明确了各级公共文化机构责任，也是各种公共文化服务工作的规范和标准，避免了工作的盲目性和随意性。因此，指标的可测性以及在评价过程中的现实可行性显得尤为重要。《创建标准》中的指标体系从可操作性着眼，大量使用量化指标，不能量化的指标则尽量使描述客观、明确和规范。

□ 美国国家文化基金（National Endowment for the Arts）文化数据统计指标

序号	一级指标	二级指标
1	文化参与	参与文化活动的观众（博物馆、音乐会、剧院）
		通过大众媒体参与文化活动（看电视播放的戏剧表演、听广播的交响乐）
		介入文艺活动（参与团体演出、参加乐队、绘画活动）
2	对艺术的态度	参与文化活动的需求
		公众对文化在生活中重要性的评价
		对艺术公共基金的支持程度
3	艺术的提供	博物馆的数量
		剧场数量
		一个州有多少县设有艺术中心（%）
4	艺术、文化基金	提供给文化艺术的公共基金数
		艺术基金种类、私人捐给艺术活动和机构的资助数量
5	艺术类就业	美国艺术工作者数量
		艺术专业人员（音乐家、美术家、舞蹈家）失业率
		各类艺术职业的收入
6	艺术、人文学科教育	艺术、人文学科教育的可获得性
		招生数
		艺术教育师资数量
		学生、家长、教师对艺术教育的评价

资料来源：中国电子政务网 2012 年 6 月 18 日

示范区创建指标体系内容注重标准规范与带动发展的结合

第一，示范区创建指标体系是创建、评审和验收的重要依据。一方面，各创建示范区必须严格对照创建标准，开展创建工作，确保在创建周期内全面实现创建目标，完成各项创建任务。另一方面，《创建标准》也可以说是创建示范区进行验收评审的主要依据。示范区创建周期结束后，通过对示范区创建指标的细化，形成《国家公共文化服务体系示范区（项目）验收标准》，对各个创建单位进行审查验收。

第二，示范区创建指标体系内容丰富，把握整体发展原则。科学的公共文化服务指标体系必须能够全面、系统地反映公共文化服务绩效评估的数量和质量要求。首先，示范区创建标准内容丰富，涵盖了公共文化设施网络，人才、资金和技术保障体系，公共文化产品服务供给体系，公共文化服务组织支撑体系，绩效评估制度和制度设计成果资源共享机制等公共文化服务体系建设的各个方面。其次，科学的公共文化服务指标体系，最基本的要求是不能遗漏重要指标。如“人均公共图书馆的藏

专栏

浙江省文化厅率先推出农村公共文化服务评估指标体系

2009年，浙江省文化厅在全国率先推出农村公共文化服务评估指标体系，对全省76个农村人口占60%以上的县（区），就2008年度公共文化服务各项指标数据进行了全面的采集、分析与计算。他们将基层公共文化服务评估指标总分设为90分，分别对政府投入、公共文化设施规模、公共文化事业队伍规模、政府组织其他公共文化服务、社会参与5大项和20个子项目进行评估打分。

为解决比较及评量标准的问题，浙江省文化厅将全省90个县（市、区）的基层公共文化服务评估各项指标进行了排名——不仅将各县（区）总分进行排名，而且单项指标得分也排名。这样，较好地显示了各县（区）各项公共文化建设指标所标示建设状况在全省所处的位置，综合有效地反映了全省基层公共文化服务体系建设的进展状况。

资料来源：毛少莹，“公共文化服务绩效指标体系若干基本问题思考”，选自《文化蓝皮书：中国公共文化服务发展报告（2012）》

书量”就是一个衡量公共文化服务绩效评估水平的重要指标。最后，示范区创建标准各项指标之间相互衔接，全面系统综合有效地衡量公共文化服务的整体绩效。

第三，示范区创建指标的重点突出，发挥带动引领作用。创建示范区要履行好典型示范的重要使命。创建并不是目的，真正的目的是推动全国公共文化服务体系根据中央战略部署，坚持公益性、基本性、均等性和便利性的要求，进一步推动公共文化服务向广覆盖、高效能转变。因此，示范区（项目）创建指标突出重点，与文化发展总体部署相衔接，加强对关键性、代表性、重要性要素的评估，体现公共文化服务的政策导向。

充分认识和把握示范区创建指标体系的主要内容与特征

示范区创建工作不是评选，而是推动工作的重要抓手，因此充分认识和把握公共文化服务示范区创建指标体系的内容与特征，对于推动示范区创建工作科学发展意义重大。中国的示范区创建指标体系具有鲜明的公益性特征，同时由于文化建设城乡之间、区域之间的发展不平衡，所以在东部、中部、西部的指标体系上也体现出差异性特征。

充分认识和把握公共文化服务示范区创建指标体系的六大重点

中国公共文化服务指标体系倾向于不区分文化产业和文化事业，都

□ 中国公共文化服务体系示范区（项目）创建东、中、西部比较

一级指标	二级指标	指标要求
公共文化设施网络建设方面	31 项（东部）	高（东部）
公共文化服务供给方面		
公共文化服务组织支撑方面		
资金、人才和技术保障措施落实方面	30 项（中部）	中（中部）
公共文化服务评估方面		
其他方面	26 项（西部）	低（西部）

属于公益性文化事业的范畴，表现出“公益性”或“公共性”的特征。中国的公共文化服务指标体系主要涵盖公共文化设施网络建设方面，公共文化服务供给方面，公共文化服务组织支撑方面，资金、人才和技术保障措施落实方面，公共文化服务评估方面和“其他方面”六大方面内容。这些内容实际上都是公共文化服务评价指标体系的“一级指标”，这些指标涵盖公共文化服务体系各方面的内容，同时也反映了六大方面的重点考量：一是以促进基本公共文化服务均等化为重点，不求面面俱到；二是突出公共文化服务能力建设；三是突出地方政府责任；四是强调实践推动与制度设计研究相结合；五是能够量化的内容尽力量化；六是涉及广电、新闻、体育等部门的工作内容，根据各部门要求达到相应标准。

充分认识和把握公共文化服务示范区创建指标的东、中、西部不同标准

中国公共文化服务示范区创建指标设计考虑地区差异，突出东、中、

西部不同的标准。由于文化建设城乡之间、区域之间的发展很不平衡，地区差异体现为经济规模、人口素质（受教育程度）、社会结构、文化传统、居民消费能力等多个方面。就公共文化服务体系建设来看，主要体现为基础文化设施建设水平不同、群众公共文化需求不同、公共文化事业投入力度不同、公共文化服务产品的丰富程度不同等诸多问题。不仅在公共文化服务体系建设的总体目标上，而且在具体创建指标上，东、中、西部差异明显。在总体要求上，对东部地区和中部地区的要求分别是“率先建成符合当地实际情况、比较完整、覆盖城乡、可持续的基本公共文化服务体系”和“初步建成符合当地实际情况、比较完整、覆盖城乡、可持续的基本公共文化服务体系”，对西部地区则仅要求“初步建成固定设施、流动设施与数字文化阵地相结合的公共文化服务网络”。在具体指标上，除了在六大方面的“一级指标”构成上是相同的，其他的如“二级指标”的数量，具体指标的标准要求都表现出东部、中部、西部的梯状结构。

发挥公共文化服务评价指标体系作用的制度安排

公共文化服务绩效评估的关键在于建立科学的评价指标体系，但是科学的评价指标体系发挥作用还需要相关的制度性安排和政策保障。当前中国公共文化服务评价指标体系的建设与发达国家相比，仍处于比较落后的状态，特别是缺乏关于公共文化指标体系建设的相关法律法规的保障。因此，不仅要加强对公共文化服务体系的研究，更要进一步探索公共文化服务评价指标体系发挥作用的制度安排。

完善公共文化服务绩效评估的政策配套措施

中国部分地区的公共文化服务已经证明，如果缺乏与评估挂钩的奖惩机制、资源分配机制等涉及利益分配的配套政策措施，就无法获

□ 国内现有涉及公共文化服务绩效主要评估一览

序号	名称	主要涉及内容	评估主体	性质
1	政府绩效评估（多个地方政府已经开展）	政府整体绩效，涉及文化行政部门绩效	政府绩效办（各地名称不一）	绩效评估
2	财务审计	财政文化投入绩效	地方政府审计部门	传统财务审计
3	公务员考核（官员晋升考核）	公共文化管理部门公务员绩效	地方人事部门	传统人事考核
4	《全国文明城市测评体系》	涉及图书馆、文化馆等领域绩效	中央文明办	行业评优
5	《全国文化先进单位评选标准》	涉及文化投入、文化活动等领域绩效	文化部	行业评优
6	《国家公共文化服务体系示范区创建标准》	涉及公共文化网络设施建设，公共文化服务供给，公共文化服务组织支撑，资金、人才和技术保障措施落实和公共文化服务评估等领域绩效	文化部	行业评优
7	《公共图书馆评估定级标准》	涉及图书馆服务绩效	文化部	行业评估
8	《文化馆等级必备条件和评估标准》	涉及文化馆服务绩效	文化部	行业评估
9	《博物馆评估暂行标准》和《博物馆评估标准评分细则》	涉及博物馆服务绩效	文化部	行业评估

资料来源：于群、李国新等主编：《中国公共文化服务发展报告（2012）》

得被评估对象的积极配合，评估往往流于形式，评估效果会大大减弱。所以，在开展绩效指标研究的同时，也应尽快开展相关配套措施的研究，早日制定相应的奖惩机制与资源分配机制，将评估结果与中央对地方公共文化财政资源的转移支付、地方政府官员的晋升、公共文化服务体系示范区的评选等方面挂钩。如公共文化服务体系示范区对这方面进行了有益探索，制定了必要的激励措施：一是通过验收的创建单位，命名为“国家公共文化服务体系示范区”和“国家公共文化服务体系示范项目”并授牌；二是中央财政对示范区和示范项目给予补助和奖励。

推动公共文化服务评价指标体系形成长效制度

完善公共文化服务指标体系是推进公共文化服务体系建设的重要抓手，既要注重结果，也要注重创建过程中形成的具有示范性的经验、做法和制度建设成果。面对人民群众日益增长的精神文化需求，公共文化服务体系建设任务是永无止境的。公共文化服务评价指标体系的建设也必然是长期的、动态的过程，应尽早明确发展目标和具体措施，探索公共文化服务评价指标体系建设长期性制度安排。

逐步建立科学和完备的公共文化服务统计制度

从文化统计研究与建构指标体系的关系看，统计数据说明的是一种现象，更多地体现描述功能，而指标具有质的规定性、具体的数量和综合反应性的特点，代表隐含在现象背后的意义。一般说来，文化统计的改善及数据研究的推进，特别是文化统计数据的标准化，是形成文化指标的基础。根据不同的测评要求设计的文化指标，其所呈现出来的数据，不只是政策规划时必要的参考数据，也是政策评估时重要的评价标准。

加强公共文化服务评价指标体系的分类研究

政府及其文化部门的绩效评估与具体的图书馆、博物馆、文化馆、重大文化工程等属于性质很不同的评估对象，其绩效指标存在很大的差异（虽然也有一些相同的指标）。因此，公共文化服务绩效评估指标体系研究必须分类进行，逐步建立包括“政府公共文化服务绩效指标体系”“公共图书馆服务绩效评估指标体系”等一系列行业性指标体系，有效开展评估。公共文化服务绩效评估指标体系研究还需要面对公共文化服务不同行业之间的行业差异。可以针对不同机构，制定不同的绩效评估指标体系是不可忽视的问题。总体来说，科学的绩效评估应当是进行分类研究，设计不同机构的绩效评估指标体系。北京市朝阳区就是以国家公共文化服务体系示范区创建标准为基础，建立了涉及各类公共文化服务机构绩效评价的“2+5”绩效评估体系。当前，中国也鼓励地方探索经验，形成典型和特色，示范区（项目）创建标准和工作要求与创建全国文化先进单位和文化馆、图书馆等公共文化机构评估定级等工作有机统一、相互衔接。

□ 国外文化现代化统计指标中涉及文化绩效的部分指标

类别	序号	指标名称	出处
文化设施	1.1	图书馆读者率（公共图书馆读者人次 /100 人）	联合国教科文组织（UNESCO）《世界文化报告》
	1.2	博物馆参观率（博物馆的参观人次 /100 人）	
	1.3	广播普及率（%）	
	1.4	图书馆、档案馆的数量、藏书、藏量、借阅人次	UNESCO 及其《统计年鉴》
	1.5	博物馆、美术馆的数量、参观人次	
	1.6	公园、纪念馆等的数量、参观人次	
	1.7	文化活动中心数量、参观活动人次	
	1.8	世界文化遗产数量、参观人次、参观收入	
	1.9	无形文化遗产（非物质文化遗产总数 / 个）保护、参观	
文化产业	2.1	文化产业比例（文化产业增加值 / GDP，%）	《联合国贸易和发展大会公报》（UNESCOTAD）
	2.2	文化就业比例（文化产业就业 / 总就业，%）	
	2.3	文化消费比例（家庭文化消费 /GDP，%）	经济合作与发展组织（OECD）报告
	2.4	文化 GDP，人均文化 GDP	UNESCO 及其《统计年鉴》
	2.5	文化就业人数、比例、结构、志愿者	
	2.6	文化消费总量、人均文化消费、文化消费结构、文化消费比例	
	2.7	文化贸易量、人均文化贸易量、文化贸易结构、文化贸易比例	
	2.8	新闻、书报刊、音像和电子出版、版权	
	2.9	广播电视普及率、电视普及率、电视节目	
	2.10	电影和电影院的数量、观看人数、进口、录像带、摄影	
	2.11	演出和庆典表演、音乐、节日、音像用品	
	2.12	计算机、互联网用户和网络文化服务	
	2.13	其他文化用品和设备的生产和销售等	
	2.14	日报发行比例（份 /1000 人）	

（续表）

类别	序号	指标名称	出处
文化产业	2.15	图书印数比例（册 /100 人）	UNESCO《世界文化报告》
	2.16	图书出版种类比例（种 /10 万人）	
	2.17	电影产量比例（部 /100 万人）	
	2.18	人均年看电影次数（次）	
	2.19	人均录音制品销售（美元）	
文化政策	3.1	政府文化支出（政府文化支出 / 政府支出，%）	经济合作与发展组织
	3.2	国际文化公约（17 个国际文化公约的批准）	《中国现代化报告》
	3.3	文化现代化指数、转移概率	
	3.4	文化竞争力、转移概率	
	3.5	文化影响力、转移概率	UNESCO 及其《统计年鉴》
	3.6	政府文化投资	
	3.7	政府文化支出	
	3.8	文化税收	

资料来源：于群、李国新等主编：《中国公共文化服务发展报告（2012）》

区域发展

N a t i o n a l   P o w e r

中国区域经济体发展报告

在过去的十年间，中国的经济以前所未有的“发展质量”不断向前跨越。其中，作为改革开放先行者的广东，在经济高速发展之后，提出“不打经济仗”，而是着重强调经济发展方式转型，淡化对速度的要求，着重强调速度规模与质量效益的关系，大力推进“双转移”战略，并将转型升级成果转化成人民群众福祉。江苏省则在确立“率先全面建成小康社会、率先基本实现现代化”的奋斗目标后，2012年年初明确提出将于2020年基本实现现代化。江西省在走出一条科学发展、绿色崛起之路的同时，注重发展赣南等原中央苏区，确立了到2015年，在解决突出的民生问题和制约发展的薄弱环节方面取得突破性进展；到2020年，原中央苏区整体实现跨越式发展，与全国同步实现全面建设小康社会的发展目标。浙江在大力推进实体经济发展的同时，着力从工业大省向工业强省、从制造大省向“智造强省”迈进。湖北则在中国促进中部崛起战略正式形成之后，在一元多层次战略体系引领下，跨越式发展大势已成，支点框架渐趋完善，支点实力日益增强，支点功能初步显现。

广东：踌躇满志的“中国第一经济大省”

广东是改革开放的先行者，改革开放思想的重要发源地。从20世纪70年代末的改革开放，到1992年邓小平的南方谈话，到2000年江泽民提出的“三个代表”重要思想，再到2003年春，胡锦涛同志提出的科学发展观，都发端于广东或者在广东提出。2012年是邓小平南行20周年，温家宝总理视察广东，重提小平讲话，强调始终坚持改革开放不动摇。十八大报告中明确提出，“改革开放是坚持和发展中国特色社会主义的必由之路”。2012年12月7日至11日，习近平总书记在广东省考察调研，短短五天内，接连视察深圳、珠海、佛山、广州等改革前沿地区，回顾中国改革开放的历史进程，强调将改革开放继续向前推进。习近平在考察中对广东提出了殷切希望，要求广东努力成为发展中国特色社会主义的排头兵、深化改革开放的先行地、探索科学发展的实验区，为率先全面建成小康社会、率先基本实现社会主义现代化而奋斗。

2012年12月18日，胡春华任广东省委书记。他表示，要推动广东继续在改革开放中发挥窗口作用、试验作用、排头兵作用，脚踏实地创造新的更大的业绩。要结合广东实际认真学习贯彻党的十八大精神，以解放思想、攻坚克难、奋发有为的精神状态，开创广东改革发展的新局面。要切实有效地做好新形势下的群众工作，尊重人民群众的主体地位，积极回应人民群众的现实关切，坚持民生为重，实实在在地为人民服务，让全省人民分享改革发展的成果。到任8天后，2012年12月25日，胡春华到深圳市调研时强调，认真学习贯彻习近平总书记视察广东重要讲话精神是当前和今后一个时期全省的重大政治任务，“三个定位、两个率先”是该省今后工作的前进方向和行动指南，是广东工作的总目标。

改革开放30多年来，广东经济总量先后赶超新加坡、中国香港和中国台湾，2011 年广东人均 GDP 超过 7000 美元，跨入中上等收入国家或地区水平。2011 年广东地区生产总值突破 5 万亿元人民币，达 5.3 万亿元，增长 10.0%，折合美元为 8200 亿美元，如果作为一个独立经济体参与全球排名的话，排在荷兰之前，居全球第 15 大“经济体”。“十二五”时期，是广东推动科学发展可以大有作为的重要战略机遇期，同时也是广东加快转变经济发展方式攻坚克难的关键时期。

早在改革开放初期，珠三角地区承接了大量的以加工贸易为主的劳动密集型产业，但经过改革开放 30 多年的发展，珠三角地区的劳动力、资源、环境等要素的制约日益突出，产业结构迫切需要转型升级。同时，广东省内区域发展不平衡现象较为突出，地区间人均 GDP 差距较大。正是在这种背景下，2008 年 5 月，广东省委、省政府提出了“双转移”战略，即着力推进珠三角地区相关产业加快向粤东西北地区转移，推进农村劳动力向城市和第二、第三产业转移，实现产业转移和劳动力转移的有机结合。

为了配合和切实做好“双转移”工作，广东省 2008 年出台了《产业转移和劳动力转移决定》及 7 个配套文件。从 2008 年到 2012 年，该省 5 年时间里安排了 400 余亿元资金，从扶持欠发达地区完善基础设施、以竞争形式扶持欠发达地区建设产业转移园、加大力度扶持欠发达地区重点产业发展、实施政府有效引导的产业转移政策、实施免费技能培训、鼓励贫困农村适龄青年掌握职业技能等八个方面予以扶持。为进一步推动“双转移”工作，2009 年 6 月，广东省政府出台《关于抓好产业转移园建设加快产业转移步伐的意见》。2011 年 7 月，广东省出台《关于进一步推进产业转移园合作共建工作的指导意见》。

广东大力实施“双转移”战略以来，着力扶持重点区域、重点园区、重点产业优先发展，对产业转移园区实施严格的末位淘汰制度和转出转入地奖励激励制度，珠三角地区“腾笼换鸟”和全省区域协调发展成效显著。截至2012年11月，全省产业转移工业园累计引进项目3592个，总投资9811.75亿元，项目平均投资额比2011年同期提高15.2%，其中在建及建成项目2445个，单位土地投资强度比2011年同期提高15.4%。2012年4月，广东省政协发布的《广东劳动力转移情况调查报告》显示，从2007年末至2010年底，广东省累计培训农村劳动力266.6万人，转移就业469万人，本省农民工增加258万人，外省农民工减少200万人。

2012年，被广东省定为双转移工作由“三年初见成效”转入“五年大见成效”的攻坚年。广东省经贸委透露，10大重点园区到2015年年产值将超过5000亿元，经济总量较2010年翻两番。

在全面推进双转移的背景下，广东省着力把双转移的成果向社会和民生领域推进，让双转移最终落实在改善民生这一根本点上，实现社会管理和社会治理方面的转型。2011年1月6日，广东省委第十届委员会第八次全体会议召开。全会审议通过的《中共广东省委关于制定国民经济和社会发展第十二个五年规划的建议》，明确提出广东“十二五”发展核心是“加快转型升级，建设幸福广东”。“幸福广东”一词由此登上了广东发展的舞台。它的提出宣告广东未来发展将以增强民众福祉为重，未来广东的发展要把社会建设摆在与经济建设同等重要的位置上。建设幸福广东就是要坚持以人为本，维护社会公平正义，保护生态环境，建设宜居城乡，改善社会治安，保障人民权益，畅通诉求表达渠道，满足人民群众文化需求，从而强化转型升级的目的依归和价值导向，使转型升级成果更好地转化成人民群众福祉。

为建设“摸得着，看得到”的幸福广东，2011年10月10日，广东省政府网站公布了《建设幸福广东评价指标体系》，率先在全国出台了省级幸福指标体系。建设幸福广东评价指标体系的评价方法有两种，分别是客观指标体系评价方法和主观指标体系评价方法。建设幸福广东评价指标体系的一级指标共有10项，分别是就业和收入、教育和文化、医疗卫生和健康、社会保障、消费和住房、公用设施、社会安全、社会服务、权益保障、人居环境。2012年2月14日，广东省统计局发布《2010年建设幸福广东综合评价报告》，首次发布全省21个地级市建设幸福广东水平指数、发展指数和综合指数。测算表明，建设幸福广东综合指数呈上升趋势。2006—2010年综合指数珠三角地区年均提高0.85个百分点，粤东西北地区年均提高0.36个百分点。2010年与上年相比，各市幸福广东建设工作明显进步。

2012年12月30日，广东省推进产业转移和劳动力转移工作领导小组在广州召开第八次会议。省长朱小丹在会议上强调，要进一步加快珠三角地区“腾笼换鸟”步伐。珠三角地区要把更多精力用在“换鸟”上，开展新一轮招商引资，着力引进一批现代产业项目，形成新的主导产业。进一步完善产业转移园合作共建机制，建立合理的利益共享和分配机制，充分调动各方积极性。为进一步抓好园区的提质发展，继续扶持重点区域、重点园区、重点产业优先发展，会议还审议修改了《关于推动产业转移创新提质发展的若干意见》《广东省产业转移工业园重点园区重点产业项目贷款贴息资金管理办法》等文件。

而就在2012年10月，为破解制约“加快转型升级、建设幸福广东”过程中的一些瓶颈和体制机制性障碍，省委办公厅、省政府办公厅相继印发了《广东省建设法制化国际化营商环境五年行动计划》《广东省改善创新环境五年行动计划》《广东省促进粤东西北地区地级市城区扩容提质五年行动计划》《广东省推动率先基本实现粤港澳服务贸易自由化行动计划》《广东省培育幸福导向型产业体系五年行动计划》《广东省创建幸福村居五年行动计划》《广东省从严治党五年行动计划》和《广东省加强村级基层组织建设五年行动计划》共八个行动计划。八个行动计划紧扣“坚持社会主义市场经济的改革方向，加快转型升级，建设幸福广东”的发展主题，明确提出了具体要求、实施步骤、可量化的阶段性目标任务。具体来看，促进粤东西北地区地级市城区扩容提质、培育幸福导向型产业体系、创建幸福村居、推动率先基本实现粤港澳服务贸易自由化四个行动计划，旨在提升广东的“硬实力”；建设法治化国际化营商环境、改善创新环境、从严治党和加强村级基层组织建设四个行动计划，则旨在优化广东的“软环境”。贯彻实施好四“硬”四“软”八个行动计划，必将对广东省提升核心竞争力、增创科学发展新优势产生深远影响。

江苏：开启基本实现现代化新征程

江苏是中国改革开放和现代化建设的排头兵，是全国重要的经济强省之一。改革开放之初，江苏以“苏南模式”引领全国风气之先。进入新世纪，江苏确立“率先全面建成小康社会、率先基本实现现代化”的奋斗目标，深入贯彻落实科学发展观，坚持率先发展、科学发展、和谐发展，现代化建设走在全国前列，成为长三角乃至全国最具发展活力和后劲的地区。2011 年 11 月 6 日，江苏省委书记罗志军在中共江苏省第十二次代表大会第一次全体会议上，做了题为“全面建成更高水平小康社会、开启基本实现现代化新征程”的报告。报告提出，到 2015 年，全省以县为单位达到省定全面小康指标，全面建成体现党的十七大要求、惠及全省人民的更高水平小康社会，苏南等有条件的地方在巩固全面小康成果基础上率先基本实现现代化，使江苏的发展更科学、社会更和谐、文化更繁荣、生态更文明、人民更幸福；再经过5年的努力，到2020年全省基本实现现代化，总体上达到中等发达国家水平。

2011年初，省委、省政府把《江苏基本实现现代化的目标内涵和指标体系研究》作为重大调研课题之一，与国家发改委、国家统计局、中国科学院、中国社科院联合开展研究，从国内外诸多现代化研究成果中搜集整理、遴选，首次制定了包含4大类30项指标的《江苏基本实现现代化指标体系（试行）》。2012年1月5日，江苏省委召开“江苏基本实现现代化指标体系”新闻发布会，正式宣布，江苏将于2020年基本实现现代化。该指标体系为江苏确定的基本实现现代化的进程是：到2020年，全省总体上达到世界中等发达国家水平，在全国率先基本实现现代化。苏南等有条件的地区，在“十二五”时期率先基本实现现代化；苏中地区巩固发展全面小康建设成果，不失时机向基本实现现代化迈进，2020年左右基本实现现代化；苏北地区加快全面小康建设步伐，为基本实现现代化打好基础，2020年以后逐步基本实现现代化。

江苏于2020年将实现人均地区生产总值10万元，城镇居民人均可支配收入达到5.5万元，农村居民人均纯收入达到2.3万元，主要劳动年龄人口平均受教育年限达到12.2年，其中人均地区生产总值、居民收入水平和主要劳动年龄人口平均受教育年限这三项成为指标体系中权重最高的指标。

现代化有着国际通行标准，但江苏的现代化不能照搬国外标准，既要体现“国际公认”，又要彰显“中国特色、江苏特点”。整套指标体系由经济发展、人民生活、社会发展、生态环境四大类组成。其中经济发展指标9项、人民生活7项、社会发展8项、生态环境6项。评价指标都设置了相应的目标值和权重，可测算出一个地区经济社会发展和现代化程度的综合评分。在30项指标中，有6大指标为江苏自创，分别是现代农业发展水平、高新技术产业产值占规模以上工业产值比重、自主品牌企业增加值占GDP比重、居民住房水平、和谐社区建设水平、村庄环境整治达标率。这套指标体系突出了注重结构优化和产业升级，创新驱动和人才支撑，农业和农村，民生幸福，民主法制建设和社会公平“五个注重”，具有明显的导向作用。

现代化的核心是让人民得实惠。在大力推进“两个率先”的同时，江苏省政府高度重视民生工作，始终把提升百姓的幸福感作为工作的出发点和落脚点。2010年年底的江苏省经济工作会议强调，要在保障和改善民生上下更大功夫，像安排经济工作一样安排民生工作，像落实经济指标一样落实民生指标，启动实施居民收入倍增计划，切实解决好人民群众关心的住房、物价、收入分配、就业和社会保障等热点难点问题，让人民群众在改革发展中得到更多实惠。江苏省“十二五”规划中，更是将民生问题提升到了前所未有的高度，规划文件中，改善民生方面的内容占了22%，这是以往从来没有过的。而且，“七年倍增计划”明确提出了要做到“两个同步”，即居民收入与经济发展同步，劳动报酬与劳动生产率增长同步，使“倍增计划”更具有操作性和可行性。“十二五”规划把“促进劳动者充分就业”“实施居民收入七年倍增计划”“加强和完善社会保障”“提升全民健康水平”和“推进保障性住房建设”等，作为保障和改善民生的重要内容，集中反映了新时期人民群众的强烈期待，改善民生的重点更加明确，思路也更加清晰。

2011年全国“两会”期间，中央对江苏工作提出了“六个注重”的新要求后，2011年4月21日，江苏省委十一届十次全会立即做出《关于又好又快推进“两个率先”在新的起点上开创科学发展新局面的决定》，提出实施包括“民生幸福工程”在内的“八项工程”。2011年6月20日，江苏省委常委会召开会议，讨论并原则上通过了《关于实施居民收入倍增计划的意见》。意见指出要突出“四个群体”增收，拓宽“五大增收渠道”，强化基本公共服务，全面增加居民的工资性、经营性、财产性、转移性收入，促进居民收入普遍较快增加。2011年8月19日，江苏省《关于大力推进民生幸福工程的意见》正式出台，明确提出江苏省将实施“一个计划”（居民收入倍增）、构建“六大体系”（完善终身教育体系、就业服务体系、社会保障体系、基本医疗卫生体系、住房保障体系和社会养老服务体系），大力推进民生幸福工程。到2017年，居民收入要实现倍增。人民网、新华网和中央人民广播电台三家权威媒体均以“收入倍增计划”6字作为文眼，统率“民生幸福工程”，可谓突出了江苏的“民生之重”。

为了解江苏百姓的幸福感、自豪感及对个人生活的其他感受，为幸福指数研究积累一定的数据资料，从2006年起，江苏省社情民意调查中心开展了百姓个人生活感受调查。2012年1月，省民调中心公布的2011年江苏百姓个人生活感受调查显示，有90.1%的百姓觉得自己的生活总体上看是幸福和比较幸福的。这意味着，从2006年至2011年的六年，江苏百姓的幸福感均超过了90%。

全省城镇居民人均可支配收入和农民人均现金收入，扣除物价因素，同比分别增长10.6%和11.3%；城乡居民收入实际增幅均超过一成，同比分别加快2.7个、0.1个百分点；新开工保障性住房22.99万套、竣工8.2万套、发放租赁补贴5.56万户……这是2012年上半年江苏省“民生答卷”中的一组数据。数字无言，发展有力。江苏省把改善和保障民生作为自觉追求，把增进民生幸福贯穿于“两个率先”的全过程，不断刷新民生的“幸福高地”。

江西：红色土地，绿色崛起

鄱阳湖是中国最大的淡水湖，曾被认为是中国四大淡水湖泊中唯一没有出现富营养化的湖泊，有着中国“最后一盆清水”之誉。但随着经济社会不断发展，鄱阳湖遭受了巨大的污染，与其密切相关的区域面临严重的水生态安全威胁。到了 2006 年，鄱阳湖水全年优于三类的不到六成，劣于三类的则逼近两成。鄱阳湖已经从整体上呈现出中度营养化的状态。

2006 年，温家宝总理在有关文件上做出重要批示：“要保护好鄱阳湖生态环境，使鄱阳湖永远成为一湖清水。”2007 年 4 月，温家宝总理考察江西时又明确指出：“像江西这么好的生态环境在全国已经不多了，要好好保护。希望江西坚持科学发展、和谐发展，坚持改革开放，在中部崛起中有更大的作为，走出一条新路子。”

“既要金山银山，更要绿水青山”“我们一定要像珍惜生命那样珍惜青山绿水，要像爱护眼睛那样珍惜青山绿水”。面对挑战，省委、省政府做出了响亮的回答。2008 年 3 月，江西省委、省政府做出了建设鄱阳湖生态经济区的战略决策，打响了一场保护青山绿水的大“战役”。

2009 年春节，胡锦涛总书记在江西考察工作期间，专门听取了省委、省政府关于建设鄱阳湖生态经济区的专题汇报。他说：“面对国际金融危机的冲击，全省上下坚决贯彻落实中央决策部署，从江西实际出发，团结带领广大干部群众迎难而上、顽强拼搏，为保持经济平稳较快发展做出了积极努力”，“希望江西广大干部群众紧紧抓住国家大力促进中部地区崛起的宝贵机遇，以昂扬向上的斗志、坚忍不拔的毅力、求真务实的作风，全力以赴保增长，千方百计保民生，加大力度保稳定，不断迈出富民兴赣新步伐。”

鄱阳湖生态经济区建设还得到了国家发改委等国家部委的大力支持。2009年4月，为完善鄱阳湖生态经济区规划，由25个国家部委联合组织的调研组分赴南昌、九江、景德镇、上饶、鹰潭、抚州、新余、宜春8个市的130多个调研点进行考察调研，帮助完善规划。

2009年12月12日，国务院正式批复《鄱阳湖生态经济区规划》，鄱阳湖生态经济区建设上升为国家战略。

2010年，江西省在《2010年政府工作报告》中明确提出，建设鄱阳湖生态经济区，特色是生态，核心是发展，关键是转变发展方式，目标是走出一条科学发展、绿色崛起之路。

江西省在"十二五"规划纲要中提出要牢固树立绿色、低碳发展理念，促进经济与生态相融合、人与自然相协调，加快建设资源节约型、环境友好型社会。

2011年，江西省重大生态工程建设取得显著成效。鄱阳湖生态经济区规划实施方案确定的405个重大项目已启动建设300多个，累计完成投资近5000亿元。造林绿化"一大四小"工程新增造林面积389万亩。全省81个县（市）新建配套污水处理管网1240公里，第二批30个工业园区污水处理设施启动建设。在3万个自然村实施农村清洁工程，建成乡镇垃圾填埋场2350个。积极开展市、县、乡、村四级生态示范创建活动，创建国家级生态镇40个、生态村9个。生态工业园区建设扎实开展，20个工业园区成为首批省级生态工业园区。

2012年以来，江西省以重大项目为抓手，全力推进鄱阳湖生态经济区建设。2012年上半年，《鄱阳湖生态经济区规划实施方案》中的405个重大项目累计完成投资6273.2亿元，占计划总投资的33.4%；由南昌核心增长极、九江沿江产业带、昌九工业走廊共同构筑的核心增长区加速形成；五河源头生态环境逐步得到改善。鄱阳湖生态经济区日益凸显的“龙头”带动作用得到投资者认同，2012年上半年，在经济下行压力较大、沪深股指低位徘徊的情况下，全省上市企业直接融资达143.6亿元，同比增长5.8%，融资额创历史同期最高水平。

作为革命老区，60多年来，赣南等原中央苏区的面貌发生了翻天覆地的历史性变化，人们的生活水平逐年提高。但由于种种原因，苏区经济社会发展与全国的差距仍在拉大，社会民生等问题仍然突出，贫困落后的面貌仍然没有根本改变。加快推动赣南等原中央苏区跨越式发展，成为江西全面建设小康社会的必然选择。

没有赣南等原中央苏区的小康，就没有江西的小康；没有赣南等原中央苏区的崛起，就没有江西的崛起。江西省2012年政府工作报告中提出，大力推进赣南原中央苏区振兴，构筑“龙头昂起、两翼齐飞、苏区振兴、绿色崛起”的区域发展格局。从2012年起，江西省大力实施“四个一”的组合式扶贫攻坚战——每个县有一个省级领导定点扶贫；一个有实力的省直部门帮助扶贫；一个重点企业参与扶贫；连续10年，对原中央苏区和特困连片地区涉及的38个县市每年每县安排1000万元专项扶贫资金，并力争2—3年内就有较大起色。有关专家指出，赣南等原中央苏区积极探索革命老区建设的新路子，加快革命老区的振兴，不仅对当地的发展，而且对江西乃至全国革命老区的建设和发展都具有重要的示范意义。

为了让赣南等原中央苏区人民与全国同步实现全面建设小康社会的目标，2012年6月28日，国务院专门出台《关于支持赣南等原中央苏区振兴发展的若干意见》，制定了2015年和2020年“两步走”发展目标：到2015年，在解决突出的民生问题和制约发展的薄弱环节方面取得突破性进展；到2020年，原中央苏区整体实现跨越式发展，与全国同步实现全面建设小康社会目标。

对于渴望得到更快发展的江西来说，这一意见的出台，无异于“久旱逢甘霖”。有赣州官员透露，从2012年至2020年的8年间，中央将给予赣南等原中央苏区1万亿元扶持资金，帮助苏区人民最终实现“共同富裕”。

浙江：坚守实体经济，开启“智造”新航程

银根紧缩，老板“跑路”，吴英案……2011年以来，浙江一直处在中国经济的风口浪尖。在这一切的背后，是当年“敢为天下先、无畏闯市场”的浙江精神的缺失的表现，而对政府来说，如何完善减负惠企措施，营造尊商、亲商、兴商氛围，着力提振企业家信心，是这个中国民营经济大省十万火急的战略选项。

2012年1月，浙江省十一届人大五次会议上，时任浙江省代省长夏宝龙在做政府工作报告时指出，发展和壮大实体经济，坚定不移推进转型升级，推动民营经济大发展大提升，鼓励企业加大实体经济投入，坚守实业，做强主业。按照夏宝龙对该省民营企业的定位：民营企业是浙江实体经济的重要基础，浙商群体是浙江创业创新的重要支柱。夏宝龙表示，未来政府将降低民营资本准入门槛，破除影响民间投资的体制障碍，鼓励企业加大实体经济投入，坚守实业，做强主业，夯实立身之本。作为一个服务型的政府，浙江也将建立健全民营企业服务机构和浙商联络组织体系，推动省外浙商回乡创业，促进资金、技术、人才等要素更多向民营企业和实体经济集聚。他说，民营企业是浙江实体经济的重要基础，要鼓励企业加大实体经济投入，坚守实业，做强主业，夯实立身之本。

为推进实体经济的发展，浙江采取一系列措施，打出了振兴实体经济的“组合拳”。一是“止血”，即“三严五禁”遏制金融机构抽资压贷。2011年10月9日，浙江省召开金融支持中小企业发展工作会议，强调金融机构要切实降低中小企业融资成本，做到“三严五禁”。同时，银行等金融机构重点要在信贷规模、信贷成本、机构设置、产品开发、考核评价五个方面落实差异化政策。拓展多元化企业融资渠道。为从源头上对浙江小额贷款公司的资金流向进行有效监控，进一步规范民间融资行为，2012年2月8日，浙江省工商局出台业内首个《浙江省小额贷款公司融资监管暂行办法》，规定小额贷款公司须向工商部门如实申报融资信息，规范开展融资操作。这一办法的出台，标志着浙江的小额贷款公司的融资经营全程纳入工商日常监管，资金来源将更加透明化。二是“输血”，即破解融资难题。为了切实加大中小企业帮扶力度，破解融资难问题，浙江省通过制订出台企业应急转贷专项资金管理办法，设立企业应急转贷专项资金，开展小额贷款保证保险试点工作，建立中小企业再担保基金等举措来支持浙江中小企业的发展。三是“造血”，即温州金融综改率先开启改革新路。2012年3月28日，国务院总理温家宝主持召开国务院常务会议，决定设立温州市金融综合改革试验区。会议批准实施《浙江省温州市金融综合改革试验区总体方案》，要求通过体制机制创新，构建与经济社会发展相匹配的多元化金融体系，使金融服务明显改进，防范和化解金融风险能力明显增强，金融环境明显优化，为全国金融改革提供经验。

在政府的大力引导和政策的倾力扶持下，浙江企业开始“回归实业”，企业“脱实向虚”的倾向得以缓解。在2012年5月15日召开的全省工业强省建设工作动员视频会议上，浙江省启动实施了《浙江工业强省建设“十二五”规划》，加快构建结构优化，重点培育战略性新兴产业、传统优势产业和生产性服务业三大产业领域，着力从工业大省向工业强省、从制造大省向“智造强省”迈进。

2012 年 12 月 26 日，2012 年中国民营企业峰会在杭州举行。浙江省工商局根据系统掌握的全省民营企业发展状况数据指标，综合对全省 2600 家民营企业运行监测体系的数据进行汇总比对，并对 2012 年全年民营企业的生存状况进行了综合分析。据统计，截至 2012 年年底，全省共有各类市场主体 350 万户，其中个体工商户 255 万户，民营企业 78 万户，民营企业总量同比增长 8%，占内资企业比重达到了 87%。最新民企生存指数显示，浙江民企呈现三个特征。一是民企体量增长较快，结构调整初显成效。5 年来，民营企业的数量年均增速达 13%。注册资金年均增长 24%，到目前总量已经达到了 2.4 万亿元，户均资本从 2008 年的 230 万增长到了 320 万。注册资本在 1000 万以上的企业达到 5.7 万家，比 2008 年翻了一番。民企结构进一步优化。截至 2012 年年底，从事三产的民企达到 43 万户，占比超过 50%，文化产业实现较快增长，全省文化产业民企共有 9 万户，同比增长 18%。二是景气指数企稳回升，民企发展稳中有进。2012 年，民营经济景气指数呈现明显 U 形的发展走势。一季度景气指数为 109.01 点，二季度跌至 103.35 点。三季度虽然创出 102.54 点新低，但跌幅收窄，四季度回升至 107.77 点，进入温和回升通道。三是市场环境复杂多变，在挑战中孕育新机遇。随着世界经济由 2008 年金融危机前的快速发展期进入深度转型调整期，全省民企将在较长一段时间内面临主要出口市场外需不足，企业产能相对过剩、成本上升、土地等资源约束增强等挑战。据民企监测数据显示，去产能化的进程尚未结束，62% 的企业产能利用率不足 50%，成本上升、需求不足成为企业发展面临的最为突出的困难，分别占被监测企业的 35% 和 33%。

民营企业发展面对挑战，也面临机遇，党的十八大胜利召开，为民营企业的发展开启了新空间。根据调查，民企最大的期盼是深化体制改革和优化创业创新环境，60% 的民企对未来 5 年企业发展环境充满信心。多数企业对经济景气状况判断较为乐观，发展心态指数大幅反弹，从 2013 年开始，民企景气进一步提升，直到现在仍保持在高位。

湖北：构筑中部崛起“战略支点”

为了促进中部地区快速发展，2004 年 3 月，温家宝总理在政府工作报告中正式提出“促进中部地区崛起”的重要战略构想。2006 年 4 月 15 日，《中共中央、国务院关于促进中部地区崛起的若干意见》的出台，标志着促进中部崛起战略正式形成。2009 年 9 月 23 日，国务院通过《促进中部地区崛起规划》，明确提出到 2015 年实现中部地区崛起的目标。

促进中部崛起战略为湖北带来了重大机遇。2005 年 8 月和 2011 年 6 月，胡锦涛总书记两次视察湖北时均提出殷切希望，要求湖北加快构建促进中部地区崛起重要战略支点。所谓“战略支点”，就是战略安排和战略实施中的关键环节和关键部位。促进中部地区崛起，也必须要有战略支点。所谓“促进中部地区崛起的重要战略支点”，按照湖北省委书记李鸿忠的说法，就是中部地区崛起的重点、支撑点、着力点，就是湖北要在经济社会发展上好于、优于、快于其他地区，在地位上、重要性上、作用上、辐射引领带动功能上、影响力上，异于、优于、重于、特于其他地区，就是湖北要成为促进中部地区崛起的关键区域和战略枢纽，成为国家发展战略和政策杠杆撬动中部地区崛起的增长极和支撑点。

2011 年 7 月，湖北省委九届十次全会进一步提出：“把构建战略支点作为湖北经济社会发展的总目标、总任务，以构建战略支点为旗帜统领各项发展战略。”

5 年多来，湖北省紧紧围绕构建战略支点的目标，结合湖北省情，相继启动了武汉城市圈“两型”社会综合配套改革试验区建设、鄂西生态文化旅游圈建设、长江经济带新一轮开放开发“两圈一带”总体战略，将其作为支点建设的载体和总抓手。如今，在国家区域发展战略的推动下，由武汉城市圈、湖南长株潭城市群、江西环鄱阳湖城市群组成的“中三角”将有望打造成中国经济第四极。

“现在湖北的发展思路非常清晰，就是一元多层次战略体系。”2012 年 3 月 8 日，湖北省社科院副院长秦尊文在接受记者采访时说。按照湖北省官方说法，所谓的“一元”，即将湖北打造成中部崛起的战略支点，“多层次”则涵盖“两圈一带”“一主两副”“四基地一枢纽”等战略。

在一元多层次战略体系引领下，湖北省跨越式发展大势已成，支点框架渐趋完善，支点实力日益增强，支点功能初步显现。2011 年，湖北 GDP 总量达到 19594.19 亿元，比上年增长 13.8%，居中部六省第一位，高出全国平均水平 4.6 个百分点，在全国的排名由 2010 年的第 11 位上升至第 10 位。引进世界 500 强企业 94 家，全省亿元以上新开工项目近 1500 个，千亿元产业集群达到 9 个，高新技术产业增加值超过 2300 亿元。

为了贯彻落实国家战略部署，加快构建促进中部地区崛起重要战略支点（以下简称构建重要战略支点），保障和促进科学发展、跨越式发展，实现富民强省，2012 年 9 月 29 日，湖北省第十一届人民代表大会常务委员会第三十二次会议通过《湖北省构建促进中部地区崛起重要战略支点条例》，该条例自 2012 年 12 月 1 日起施行。条例明确了支点建设要遵循的原则，即“统筹协调、民生为本、改革创新、开放合作”，要求建设支点“立足湖北、服务中部、面向全国”，还要“建立健全与中央国家机关有关部门、中央企业和中部地区各省合作共建机制”，以推进“四个强省”和“五个湖北”建设，“使湖北成为国家促进中部地区崛起的重要支撑点和重要增长极”。条例从一元多层次战略体系的内涵、“两圈一带”总体发展战略、中心城市带动战略、省域协调发展与产业发展战略、区域合作发展战略等方面，对一元多层次战略体系作了全面阐释。

在省内全面布局支点战略的同时，湖北还把视野扩大到中部城市群联合发展上，积极牵头筹划“中三角”区域战略，努力使之成为中国的第四增长极。2011 年 5 月，胡锦涛在视察湖北时指出，要充分利用湖北九省通衢的区位，以交通优势积极承接东部沿海地区产业转移，加强同中西部省份，特别是沿江省市的经济联合，对内开放向深度和广度推进。而打造长江中游城市群，这一跨省域的重大构想已经被写入 2012 年湖北省《政府工作报告》，报告提出，要加强与长江中游省份合作，联手打造长江中游城市集群，培育全国区域发展新的增长极。

交通基础设施建设和旅游资源的共同开发，率先成为三省合作的突破口。2012 年 2 月 4 日，湖北、湖南、江西、安徽等省的交通运输厅负责人聚首武汉，共同签订推进设立长江中游城市群综合交通运输示范区合作意向书，将实现航空、公路、铁路、水运和管道等运输方式的一体化，覆盖武汉、长沙、合肥和南昌及其邻近 39 个中心城市。2012 年 4 月 18 日，“中三角”旅游发展会商会议在武汉举行，湘鄂赣三省旅游部门主要负责人聚首，共商推进长江中游城市集群旅游“一体化”发展大计。会议正式发布了《“中三角”旅游合作发展 2012 年行动计划》。

为就共同推进长江中游城市集群建设进行深入探讨，2012 年 2 月 10 日，“长江中游城市集群”三省会商会在武汉东湖国际会议中心举行。会上，湖南、湖北、江西三省签订《加快构建长江中游城市集群战略合作框架协议》，以及《三省城市集群旅游合作协议》，确立四大合作机制。这标志着酝酿多年的赣湘鄂三省区域经济整合发展构想，终于迈开实质性步伐。2012 年 2 月 24 日，长江中游城市集群第一次商务联席会议在武汉召开，湖北、湖南、江西的商务厅厅长联合发表“武汉宣言”。“武汉宣言”承诺，三省将建立六大机制，推进中三角的商务流通一体化建设。当天，长江中游城市集群商务官网“中国中三角商务网”正式开通。

2012 年年初，湖北省社会科学院发布的《湖北经济社会发展年度报告（2011）》预测，到“十二五”末，湖北地区生产总值将实现从 1.5 万亿到 2.5 万亿的跨越，力争达到 3 万亿。而之前达到这一标准的广东、江苏等地，花了 4—5 年的时间。

中国经济承载力与可持续发展的支撑点

《京津冀发展报告（2013）——承载力测度与对策》2013年3月19日在京发布。京津冀，作为中国三大城市群集聚区之一，承载了很多人的理想与希望，在面对全球气候变化与资源环境的约束面前，哪些是京津冀城市承载力的“短板”？是什么主宰了他们的承载？蓝皮书对此进行了分析并指出，北京作为首都，综合承载力已进入危机状态，人口、水资源、生态、交通等方面均为北京承载力的短板。那么，其他地区呢？整个中国的区域经济发展承载状况到底如何？

水资源——京、津、沪人均水资源量不及250瓶瓶装水

按照上述报告分析，淡水资源是京津冀区域承载力的最大“短板”。

京津冀属于“资源型”严重缺水地区，人均水资源远低于国际公认的严重缺水标准。

进一步的数据显示，缺水的地区远不止京津冀地区，全国26省（区）市的人均水资源量处于轻度缺水标准线下，包括甘肃、辽宁、江苏等在内的11个省（区）市的人均水资源量处于严重缺水的状态。这11个地区的总人口数超过5.1亿。占全国总人口数的38%，而GDP总量达到了25.6万亿元，占总量的44.4%。

数据显示，在31个省（区）市中，2011年北京、天津、上海缺水较为严重，人均水资源量不及250瓶（按照每瓶水550毫升计算）瓶装水，其中上海市缺水情况最为严重，2011年人均水资源量仅为89.12立方米，如果按照550毫升的瓶装水计算，上海市人均水资源拥有量不及163瓶瓶装水，若按每箱12瓶计算，上海人均水资源拥有量仅为14箱瓶装水。

人口数量——8地区人口密度超500人/平方公里

数据显示，到2015年京津冀区域人口将达到1.12亿，2020年将达到1.2亿人口。而在考虑所有各种指标均能同时满足的条件下，至2015年京津冀地区人口承载力为8620万人，在考虑各要素内部能够相互补偿的条件下，京津冀地区人口承载力为9800万人。2011年的数据显示，京津冀三地区的人口总数已经超过1.06亿，远在其承载能力之上。

其实，不光京津冀地区出现过度密集，全国多地都出现“超载”情况，以2011年数据为例，上海、北京、天津、江苏、山东、广东、河南、浙江的人口密度均超过500人/平方公里，超过人口密集区标准（大于

□ 极度缺水地区人均水资源情况

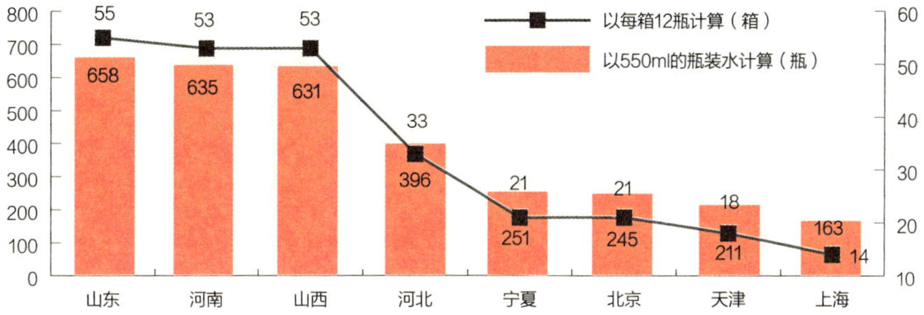

注：按照 2011 年数值计算。

100 人 / 平方公里）5 倍以上，而上海、北京等地更是超过 10 倍以上。如果按照 2011 年各地区的人口自然增长率来计算，到 2015 年上海、北京、天津等地人口总量会进一步增长，人口密度也会进一步加大。根据测算数值显示，到 2015 年，上海人均占地面积仅为 0.3 平方米，也就是说如果将所有人都以这样的密度排开的话，两个人之间的最短距离为 55 厘米，最远为 78 厘米，这一距离已经到达或接近心理学上个人距离的“极限值”（46—76 厘米），陌生人进入这个距离会构成对别人的侵犯。而北京（89—125 厘米）、天津（95—141 厘米）均处在心理学上的社交距离范围内。

另外，京津地区虽可以在一段时期内享受劳动力红利，但就业形势依然严峻；同时，老龄化将导致公共服务和社会保障压力增大。近一段时间，关于人口红利和计划生育的问题已经被提及多次，2011 年的数据显示，全国 65 周岁及以上人口 12288 万人，占总人口的 9.1%，比上年末提高 0.2 个百分点，而 15—59 岁（含不满 64 周岁）劳动年龄人口 100283 万人，占总人口的 74.7%，比上年末下降 0.1 个百分点，老年人口抚养比达到 12.3%，较 2001 年提高 2.2 个百分点。

从地方的数据来看，2011 年，全国共计有 24 地区已经达到了老龄化社会的标准（65 岁以上的人口占总人口比重超过 7%），重庆、四川、江苏等 8 地区 65 岁及以上的老人占总人口的比重超过 10%，其中重庆老年人口占比最高，达 12.42%，其抚养比也达到了 17.36%，相当于近 6 个劳动力抚养一位老人。

□ 2011 年水资源情况

地区	水资源总量（亿立方米）	人均水资源量（立方米 / 人）	缺水程度
西藏	4402.71	145779.84	相对充沛
青海	733.12	12956.77	
海南	484.1	5545.59	
新疆	885.65	4031.34	
云南	1480.2	3206.53	
广西	1350.02	2917.39	轻度缺水
四川	2239.49	2782.85	
江西	1037.88	2319.11	
福建	774.85	2090.52	
贵州	626.02	1802.11	中度缺水
重庆	514.58	1773.3	
全国	23258.5	1730.4	
湖南	1126.94	1711.93	
内蒙古	419	1691.59	
黑龙江	629.48	1641.97	
陕西	604.42	1616.56	
广东	1471.26	1404.82	
浙江	744.96	1365.71	
湖北	757.54	1319.13	
吉林	315.89	1149.52	
安徽	602.25	1010.09	

（续表）

地区	水资源总量（亿立方米）	人均水资源量（立方米/人）	缺水程度
甘肃	242.21	945.37	严重缺水
辽宁	294.79	673.2	
江苏	492.4	624.55	
山东	347.63	361.65	极度缺水
河南	327.97	349.03	
山西	124.34	346.96	
河北	157.15	217.75	
宁夏	8.76	137.69	
北京	26.81	134.71	
天津	15.39	115.96	
上海	20.72	89.12	

注：缺水程度按照国际公认的标准，人均水资源低于3000立方米为轻度缺水；人均水资源低于2000立方米为中度缺水；人均水资源低于1000立方米为严重缺水；人均水资源低于500立方米为极度缺水。

资料来源：据《中国统计年鉴2012》整理

环境——空气质量（PM2.5）平均超标41.2%

大气污染已成京津冀生态承载力的“软肋”之一。2013年初在中国大范围地区持续遭遇严重的雾霾天气，进而造成严重空气污染的地区中，京津冀地区情况最为严重。

根据2013年2月的数据显示，2月74个城市的空气质量（PM2.5）平均超标率达到了41.2%。根据中国环境监测总站发布的《2013年2月74个城市空气质量状况月报》显示，石家庄、邯郸、乌鲁木齐、济南、衡水、唐山和郑州的空气污染较重；海口、舟山、福州、拉萨、丽水、惠州、南宁、江门、珠海和贵阳的空气质量较好。

□ 2011 年各地工业用水总量（亿立方米）

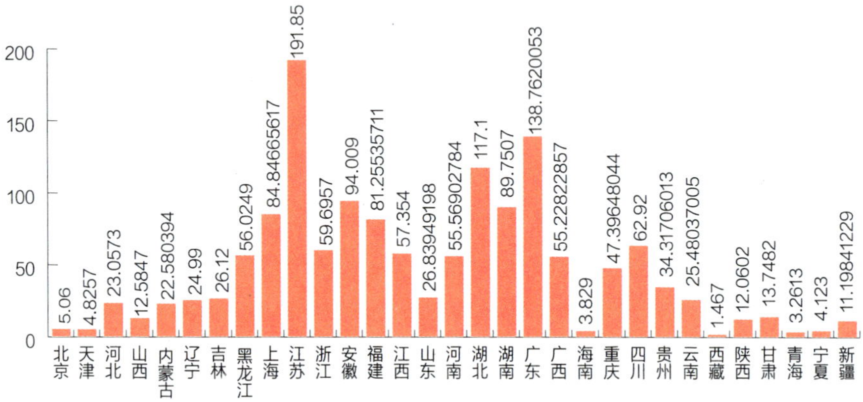

资料来源：据《中国统计年鉴 2012》整理

□ 2011 年各地人口密度情况

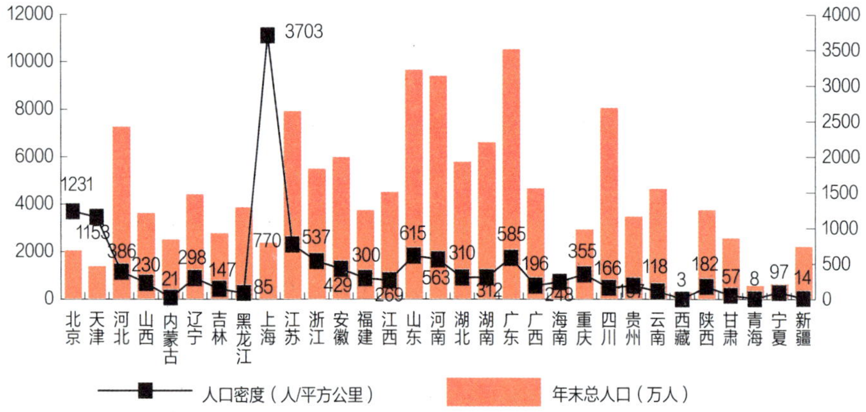

注：据《中国统计年鉴 2012》2011 年末人口总数及各地区域面积计算所得，个别数据与社科院蓝皮书略有不同。

资料来源：据《中国统计年鉴 2012》整理

□ 2015 年人口密度最大的十地区

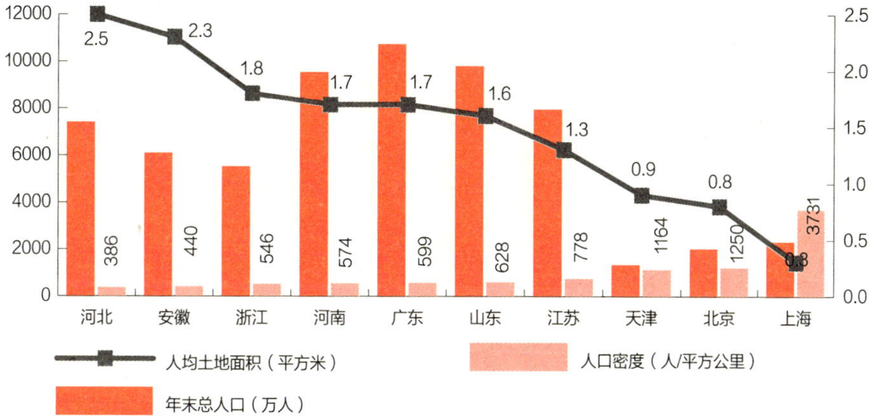

注：2015 年人口总量数据根据 2011 年人口总量以及人口自然增长率计算得出。

□ 2015 年各地老龄人口情况

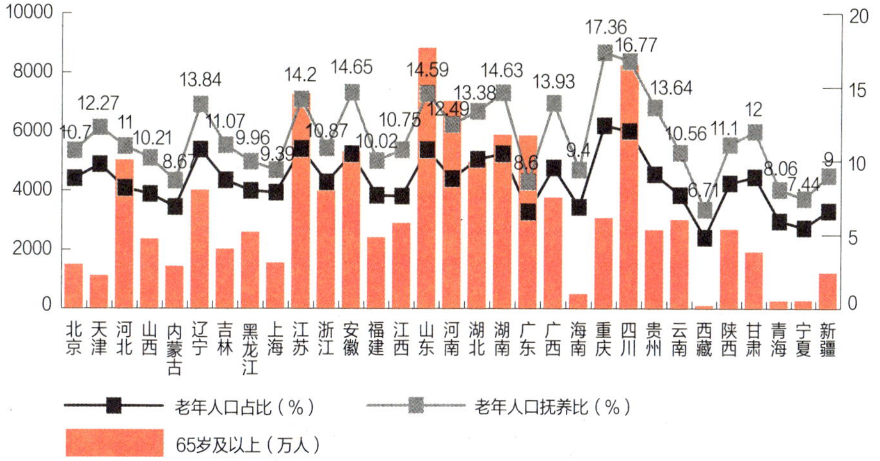

注：2015 年人口总量数据根据 2011 年人口总量以及人口自然增长率计算得出。

□ 2013 年 2 月 74 个城市空气质量总体情况（PM2.5）

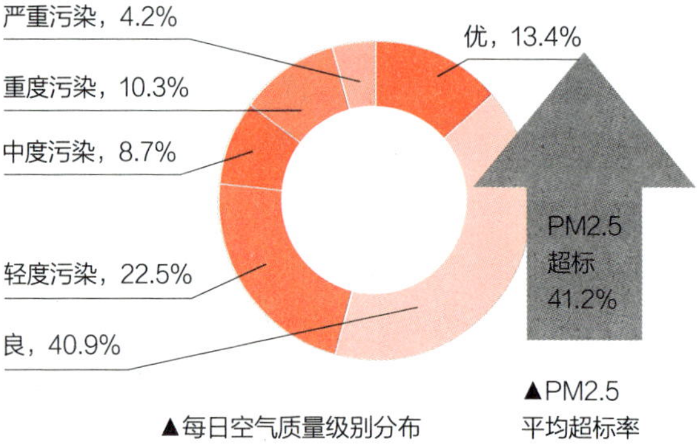

资料来源：《新京报》2013 年 3 月 13 日

□ 2013 年 2 月 74 个城市空气质量综合指数前 10 名与后 10 名

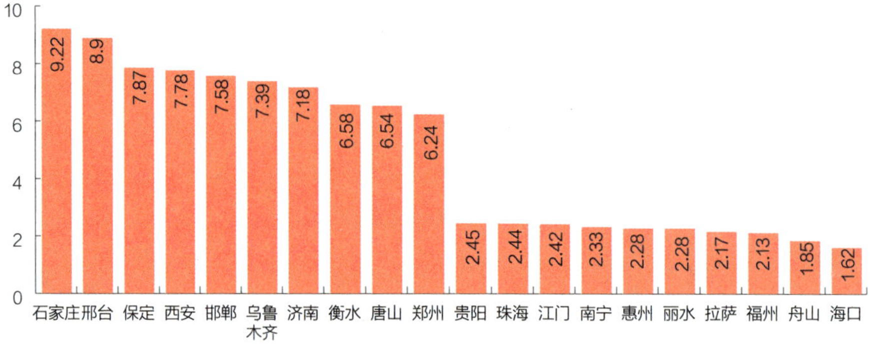

资料来源：中国环境监测总站《2013 年 2 月 74 个城市空气质量状况月报》

雾霾天气持续、空气质量下降，既有气象原因，也有污染排放原因，是人口、产业、交通、生态等多种因素共同作用的结果，提高空气质量需要采取综合措施和长期不懈的努力。为此，2013 年 3 月 28 日，北京正式公布《北京市 2013 年清洁空气行动计划（含补充措施）任务分解表》。

□ 2011 年各地民用汽车与公路里程情况

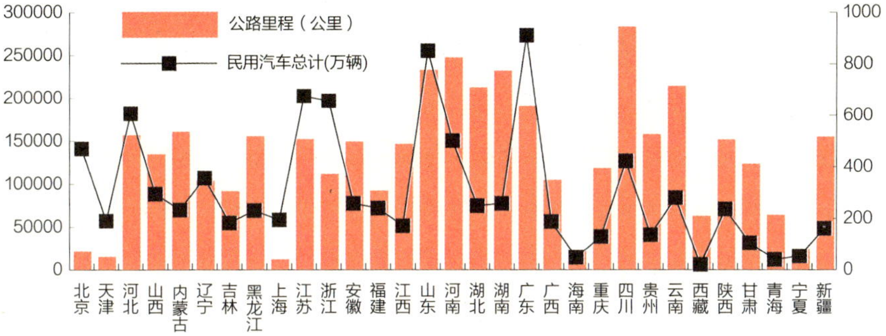

资料来源：据《中国统计年鉴 2012》整理

□ 2011 年各地生活垃圾清运及处理情况

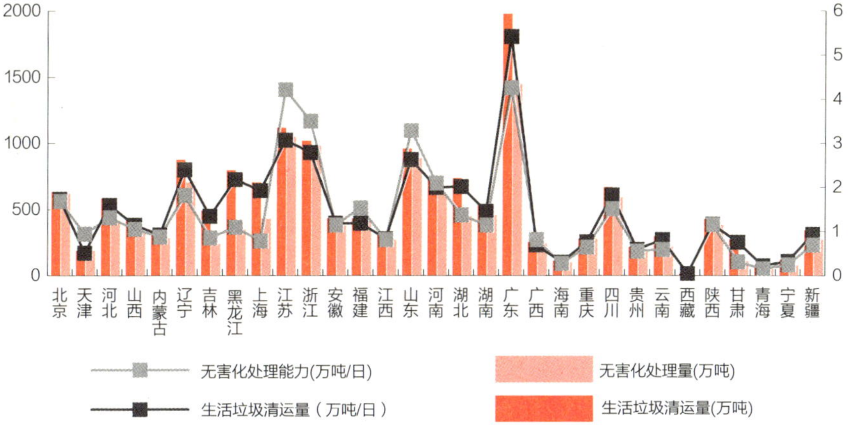

资料来源：据《中国统计年鉴 2012》整理

对“2013 年清洁空气行动计划”新增 17 条措施，其中包括“研究更加严格的机动车分区分时限行”“加大城乡接合部燃煤清洁化力度”等。北京市长王安顺表示，未来 3 年北京市在垃圾清理、污水处理、造林方面的投资将超过 1000 亿元。

交通——6地区民用汽车超500万辆

北京交通基础设施承载力严重超负荷。据北京市交管部门监测，每日在二环内行驶的机动车达到91.5万辆，使二环内成为全市最拥堵的区域。

2011年，广东、山东、江苏、浙江、河北、河南等地的民用汽车总计超过500万辆，广东省更是超过900万辆。如果按照每个停车位的面积为16平方米计算，广东省所有民用汽车光停车面积就能达到145.75平方公里，换算成足球场地的话将超过2万个。

同期，2011年各地高速公路里程也有了新的突破，除新疆外（西藏高速公路里程数据暂无）各地高速公路里程数占公路总里程数占比均超过1%，天津、上海、宁夏等地占比超过5%。

垃圾——粤、沪、黑垃圾处理缺口超万吨/日

“垃圾围城”“生态超载”将使京津冀地区深陷窘境，这是《京津冀发展报告（2013）》对京津冀提出的又一警告。以北京为例，2009年全市生活垃圾产生量669万吨，日产生量1.83万吨，但全市垃圾处理能力仅为1.27万吨/日，缺口较大。

面临“垃圾围城”窘境的不仅仅是北京，据2011年的数据，广东、上海、黑龙江三地的生活垃圾日产生量与垃圾日处理量相差超过1万吨，也就是说每天有超过1万吨的生活垃圾得不到及时处理。除上述三地区外全国还有20个地区（西藏的生活垃圾处理量数据暂无）出现缺口，“垃圾围城”已经成为迫在眉睫的问题。

21世纪城市经济三大支柱及其发展趋势

经济全球化与信息技术发展，使总部经济、临空经济、智慧经济成为21世纪城市经济三大支柱。总部经济是在经济全球化和信息技术快速发展的背景下，在中心城市出现的一种新的经济形态。临空经济作为城市发展的重要增长极，它是人流、物流、资金流、技术流、信息流高端资源全球化配置的产物。而信息数据引领的智慧产业开启了社会经济发展新时代。

总部经济：企业总部与加工制造基地在空间上的分离

总部经济通过企业总部在中心城市的聚集，带动现代服务业的快速发展，推动大城市结构升级和功能提升。其典型表现形式是企业总部与加工制造基地在空间上实现分离，总部日渐集中于中心城市。目前，中国总部经济主要集中于一线中心城市，如北京、上海、广州和深圳等。2014 年 2 月习近平总书记在北京考察工作并听取京津冀协同发展专题汇报，强调打破自家“一亩三分地”思维定式，这种局面将呈现新的趋势。

跨国企业总部在机场周边地区布局成为全球趋势

对于跨国企业来说，全球性总部是其实现顺畅经营的神经中枢，需要对分布在世界各地的分支进行控制协调，因此，其要求的区位条件重点在于便利的空中交通条件，尤其是要临近大型枢纽机场，这样，跨国企业总部布局在机场周边地区便成为一种趋势。

在欧洲，跨国企业总部云集巴黎，带来了大量高质量的旅客和货物运输服务，使得巴黎机场服务地区创造了全国 GDP 的 30%，戴高乐机

□ 总部经济区产业发展思路和条件

产业发展思路

总部经济区产业发展主要是以现代服务业为主导，重点发展商务办公、商贸金融、会展博览和教育培训等产业

发展条件

（1）高素质的人力资源和科技、教育资源
（2）良好的区位优势和良好的交通网络设施
（3）便捷的信息环境和信息网络
（4）相对集中的总部聚集区域
（5）具有围绕总部的专业化服务支撑体系
（6）良好政务、法制、市场和人文环境

场是该地区具有竞争力的关键因素之一。维也纳机场具有与东欧地区的便利连接优势，这使该机场服务区成为包括可口可乐、爱立信、IBM、卡夫食品和麦当劳等许多跨国公司的东欧总部所在地。在亚洲，为吸引跨国企业亚太总部、物流企业总部，仁川机场在其临近的国际商务中心区建设了国际商务中心大厦和百货商店、购物中心、会议中心、高级宾馆等设施，并通过绿化、金融保险服务、娱乐休闲等设施和良好的制度环境建设，努力为入驻企业营造良好的办公和生活环境。在美国，达拉斯·沃特沃斯堡国际机场（DFW）服务区吸引的世界财富 500 强公司总部接近 20 家，促使机场业务量近年来大幅增长。

中国城市总部经济发展能力排行 京沪深居前三

2012 年 9 月 20 日，在浙江宁波举行的“第八届中国总部经济高层论坛”上，中国总部经济研究中心发布了 2012 年全国 35 个主要城市总部经济发展能力排行榜，北京、上海、深圳、广州、杭州、天津、南京、成都、武汉、宁波总部经济发展综合能力位列全国前 10 名。北京（88.66）、上海（86.35）、深圳（75.81）和广州（74.27）四个城市，位居第一能级。成都排名全国第八和西部第一，宁波总部经济发展能力综合得分为 52 分，排名第 10 位，较上年度提升 1 个名次，首次跨进排行榜前十。

总体来看，2012 年城市总部经济发展能力排名主要呈现以下三大特点。一是北京、上海、深圳、广州总部经济发展引领全国。这 4 个城市稳居第一能级，是中国总部经济发展水平最高、竞争优势最明显的城市。二是区域性中心城市总部经济综合发展能力逐步提升。在国家实施区域总体发展战略的导向下，一系列区域性规划陆续出台和实施，推动了一批区域性中心城市的快速发展，基础设施、创新能力、发展环境等方面均得到大幅提升，也带动了一批重大总部型项目的落地，发展总部经济的综合能力逐步提升。三是部分城市发展总部经济的特色竞争优势更加彰显。部分城市依托自身的优势资源，以吸引特定领域和特定职能的总部企业聚集，形成了城市特色竞争优势。

北京市社会科学院院长谭维克在论坛上指出，总部经济是经济全球化、信息化背景下产生的一种新的企业组织模式，也是一种新的资源配置方式，对于城市转型升级具有非常重要的理论价值和现实意义。总部经济通过企业总部和生产制造两块功能在空间上的再配置，实现跨行业、跨区域乃至跨国的资源整合，从而产生新的社会生产力。在这种发展模式下，企业总部在中心城市集群发展，通过规模效应、产业带动效应、知识外溢效应等，加快中心城市产业结构优化升级，提高经济发展质量和效益，提升城市服务功能和综合竞争力。

不过，论坛认为，以北京总部经济为例，北京拥有的总部企业仍以国内企业为主，具有较强影响力的跨国公司地区总部较少，不仅与纽约、伦敦、东京等差距较大，与新加坡、中国香港的跨国公司地区总部相比也有很大提升空间。上海所提出的“四个中心”中，包括国际金融中心，但金融机构数量、金融人才规模等方面仍无法和纽约等国际城市相比。

临空经济：高端资源全球化配置，城市发展的重要增长极

在当今全球化和城市化的大背景下，机场的建设成了每个大中城市

所必需的硬件设备，随之而来的问题就是如何更好地利用机场所带来的巨大客货运量产生的商机，如何为旅客们和客货运公司提供更好的服务和支持。就国内来看，由于机场建设相对较晚，成熟的临空经济区尚在少数，关于临空经济的理论研究也尚在起步阶段。从国外的经验来看，临空经济对于区域经济的拉动是十分显著的，相关产业也集聚于园区内并形成产业集群，产生连带效应相得益彰。可以说，临空经济是继总部经济之后城市发展的又一新的经济增长极。这主要基于以下三个方面。

第一，临空经济的本质是流量经济。21 世纪城市经济有三大支柱，一是总部经济，二是临空经济，三是智慧经济，也就是移动互联网时代带来的大数据产业。临空经济作为城市发展的重要增长极，它是人流、物流、资金流、技术流、信息流高端资源全球化配置的产物，通俗地讲，就叫买全球，卖全球，这种全球高端资源集聚、辐射、流通、增长所形成的高附加值，正是流量经济的关键所在。

第二，临空经济的商业模式是临空产业体系或者叫现代服务经济体系。从狭义上讲，临空经济指航空经济加临空产业。但是，作为国际枢纽机场的临空经济，至少包括四个要素：一是城市要素，二是航运要素，三是商务要素，四是研发要素。这四大要素构成现代服务经济体系，这个体系中既有产业链，又有产业群，既包括航空产业，又包括非航空产业。临空经济最重要的支点是非航空产业。非航空产业是城市服务经济的重要组成部分。

第三，临空经济造就国际航运中心。目前，正在建设中的北京新机场定位为四句话，“世界枢纽、中国门户、区域引擎、美丽新城”，其功能用一句话概括，就是国际航运中心。国际航运中心是一个国际化大都市的战略制高点，背后是与国际航运中心配套的高端服务业和战略性新兴产业。就北京新机场而言，这个国际航运中心的地位更加特殊，不仅要“三港”协同，就是首都机场、北京新机场、天津滨海机场三个空港协同作业，而且要“三航联动”，就是航空、航海加航天，更要“三位一体”，就是空地一体、港城一体、港域一体。

临空经济发展对区域经济的影响

从国外临空经济发展的情况看，临空经济的发展对区域经济的发展具有强大的带动作用。机场对于区域经济有两大主要贡献：GDP 的增长和就业的增加。据牛津经济预测（Oxford Economic Forecasting）估计，航空业的增长对英国经济产生的影响相当于 3% 的 GDP 增长值。根据被广泛应用的“拇指原则”，机场每年每服务 100 万顾客就要提供大约 1000 个直接工作，支持了大约 2950 个全国性职位，2000 个区域性职位，1425 个子区域职位。

中国临空经济在近些年来也呈现出了大步跨越的强劲发展形势，已经成为拉动地区经济发展的重要力量。根据北京市“十二五”规划，北京城南地区将规划建设“新航城”，即以首都新机场为核心规划建设新城，使之成为未来的洲际综合型交通枢纽。“十二五”时期，新航城将通过基础设施建设带动高端临空产业集聚，提升城市国际化水平和辐射带动力。与此同时，紧邻首都第二机场的河北廊坊市也在极力打造“临空港经济区”，2010 年，河北省正式提出建设“环首都经济圈”，并将“临空港经济区”上升为河北省战略，成为河北省对接北京的重点工作。

国内外临空经济区在企业遴选方面的比较

国外的临空经济发展起步较早，所以在招商引资和企业遴选方面已经建立起了一套比较完善的机制体系，对于区域的整体开发规划考虑得比较周全。在临空经济发展过程中，相关部门各自设立企业准入机制，借以优化区域的产业结构，提升区域的国际竞争力。在新加坡，樟宜机场通过设立樟宜商业园、新加坡机场物流园、樟宜国际物流园、新加坡白沙芯片园和淡滨尼芯片园吸引处于价值链顶端的全球化的跨国公司和区域化的本地公司，从而取代了新加坡普通意义上的工厂。这一措施构建起了一个国内外企业良好的交流沟通平台，能使国内企业得到很好的发展，形成了互惠共赢的局面。

临空经济的发展不仅带动了当地区域经济的增长，且由于临空经济区信息、技术的密集性，使得临空经济对周边具有较大的技术溢出、信息溢出，从而为城市带来部分新兴产业。国外对于本国的新兴产业发展给予了大力的保护和支持，在选择临空经济区入住企业的时候会优先选择那些本国的萌芽工业或企业，虽然这些企业的实力可能并不很好，但临空经济区内一定也会有大型的跨国企业的入住，这样一来，通过这些大型企业的信息共享，业务外包等互通业务的往来，本国的小型萌芽企业就能在大型企业的带动下得到快速的发展。

然而，目前中国的临空经济区在企业的遴选机制建立方面仍不够成熟，有些区域甚至尚属空白阶段。以上海虹桥临空经济区为例，其发展定位为“总部经济、虹桥门户”，在大力吸引外资，引入国际大型跨国企业总部的同时，相对忽略了对于中小型企业的关注，导致园区内大型跨国企业缺少相应的供应商和配套企业的支持，这个问题应该得到有关部门的重视。（下面将在“中国临空经济发展的现状及趋势分析”一节专门加以论述）

智慧经济：大数据时代夯实城市根基，加快城市智能化发展

美国麦肯锡全球研究院 2011 年 6 月发布《大数据：下一个创新、竞争和生产力的前沿》的研究报告，指出大数据时代已经到来，数据正成为与物质资产和人力资本相提并论的重要生产要素，大数据的使用将成为未来提高竞争力的关键要素。美国政府于 2012 年 3 月宣布大数据的研究和发展计划，以提高对大数据的收集与分析能力，增强国家竞争力。

客观的发展阶段决定了“智能城市”在中国的发展将会被赋予更加丰富的内涵与实践。近年来，随着信息化、城镇化的快速发展，中国智慧城市建设如火如荼，根据已披露的数据统计，截至 2012 年年底，全国开建智慧城市的数量超过 300 个。预计“十二五”期间，中国智慧城市投资总规模有望达到 5000 亿元。2012 年 12 月，住建部发布关于开展国家智慧城市试点工作的通知，并印发了《国家智慧城市试点暂行管理办法》和《国家智慧城市（区、镇）试点指标体系（试行）》两个文件。2013 年 1 月，住建部公布了首批国家智慧城市试点名单，此举不仅标志着中国智慧城市发展进入了规模推广的阶段，也使得智慧城市的概念日渐明晰。首批国家智慧城市试点共 90 个，其中地级市 37 个，区（县）50 个，镇 3 个，试点城市将经过 3—5 年的创建期，住建部将组织评估，

□ 第一批国家智慧城市试点名单（部分）

北京市东城区 上海市浦东新区 广东省广州市番禺区、萝岗区	黑龙江省肇东市 江西省南昌市红谷滩新区 湖南省浏阳市柏加镇	湖南省万宁市 贵州省铜仁市 云南省昆明市五华区 宁夏回族自治区吴忠市

资料来源：住房和城乡建设部网站

□ 国家智慧城市（区、镇）试点指标体系（试行）

一级指标	二级指标	三级指标
保障体系与基础设施	保障体系	智慧城市发展规划纲要及实施方案
		组织机构
		政策法规
		经费规划和持续保障
		运行管理
	网络基础设施	无线网络
		宽带网络
		下一代广播电视网
	公共平台与数据库	城市公共基础数据库
		城市公共信息平台
		信息安全
智慧建设与宜居	城市建设管理	城乡规划
		数字化城市管理
		建筑市场管理
		房产管理
		园林绿化
		历史文化保护
		建筑节能
		绿色建筑
	城市功能提升	供水系统
		排水系统
		节水应用
		燃气系统
		垃圾分类与处理
		供热系统
		照明系统
		地下管线与空间综合管理

一级指标	二级指标	三级指标
智慧管理与服务	政务服务	决策支持
		信息公开
		网上办事
		政务服务体系
	基本公共服务	基本公共教育
		劳动就业服务
		社会保险
		社会服务
		医疗卫生
		公共文化体育
		残疾人服务
		基本住房保障
	专项应用	智能交通
		智慧能源
		智慧环保
		智慧国土
		智慧应急
		智慧安全
		智慧物流
		智慧社区
		智能家居
		智慧支付
		智能金融
智慧产业与经济	产业规划	产业规划
		创新投入
	产业升级	产业要素聚集
		传统产业改造
	新兴产业发展	高新技术产业
		现代服务业
		其他新兴产业

资料来源：住房和城乡建设部网站

对评估通过的试点城市（区、镇）进行评定，评定等级由低到高分为一星、二星和三星。

目前，各地政府网站已经开发和积累了海量数据信息资源，但这些信息资源的潜能还没有得到充分释放。如何开发利用这些信息资源，显著提高政府的决策能力，将是未来发展的重点方向之一。与此同时，要加快完善信息基础设施，加快物联网、云计算、大数据、新一代无线宽带通信等新技术的发展，着力构建信息技术自主创新体系，在此基础上推动信息化、工业化、城镇化、农业现代化等深度融合。

三大支柱与中国城市经营战略选择

城市三大支柱经济发展趋势下的城市经营选择，并不意味着把城市的所有资源和资产都拿来发展总部经济、临空经济、智慧经济等。在不同的阶段，城市经济的发展会呈现出不同的特色，因而城市经济发展模式的选取还会受到时间的限制，要根据阶段性特色，调整经济发展模式，保证经济模式与城市经济发展所处的阶段相适应。当前，中国城镇化建设过程中科学经营城市，要求政府把传统的由政府直接投资并组织生产的公共产品推向市场，实现从资产向资本的转化，为城镇化发展和建设积累资金，谋求滚动发展；同时，政府要推进社会公平，改善生态环境，实现可持续发展。经营城市的精髓在于转变政府职能，提高工作效率，降低政府成本。

近年来，中国正处在加快转型发展的城镇化过程中，许多城市大胆探索城市经营的方式、方法和切入点，并在不同程度上取得了积极的效

□ 城市经营战略下中国城市经济升级的模式选择

地区	模式选择	主要做法
大连	实施环境治理和改善人居环境	利用得天独厚的区位和环境优势，从环境综合治理和改善人居环境与投资环境入手，进行大量城市土地功能的置换，搬迁市中心区的工业企业进行易地改造，迁出市中心区居民到郊区，既大大改善了居民的居住质量，又腾出大片土地用于发展第三产业和建设绿地；利用级差地租以地生财，投入城市基础设施建设，从而改善了投资环境。同时，注重城市独特风格的塑造，提高城市管理水平，大大增强了城市吸引力和辐射力
杭州	建立土地储备中心盘活存量资产	杭州市在城市经营中，深化土地使用制度改革，建立并实行“政府主导型”土地收购储备出让制度，组建了市土地储备中心，被授权行使土地统一收购权和统一批发权，以土地公开招标拍卖的方式收取土地出让金，防止了国有资产的流失，促进了国有土地资本的保值增值，盘活了城市土地。同时，杭州市采用各种方式拓宽民间投资渠道，并建立了基建项目投资的回报补偿机制，调动了民间投资的积极性，为杭州市的发展筹集了大量资金
上海	采取土地批租、分类融资等方式加快城市建设	上海开发浦东主要是利用“借鸡生蛋”的办法，大胆利用外资。其主要的做法：一是采用特许权的办法，授权外企自行融资、建设和经营某项工程，外企自负盈亏、自担风险、自己受益，按协议到期后将工程交还政府；二是与外企共同开发生地，中方以土地入股，“七通一平”后出让，按股分成；三是中外合资建设住宅小区，用平价商品房偿还外商的投资；四是中外合资共同改造浦西外滩金融街。此外，上海采用土地批租等方式盘活城市有形、无形资产，转换成资本形态，优化资源配置，加快城市建设
青岛	实施名牌产品战略占领国际市场	青岛的优势在于多年来培育了青岛啤酒、海尔、海信、澳柯玛、双星等一批享誉海内外的名牌企业。青岛的名牌产品，构成了城市强有力的总体美誉度和产业影响力，也极大地提高了城市的整体吸引力，带动了各项事业的发展。现在，不少世界 500 强企业纷纷登陆青岛
北京密云	实施创新战略为中心城市服务	北京密云县拍卖了 30 多处分散的政府办公楼；有偿转让污水处理厂、县委招待所等单位和 2000 亩国有土地的使用权，以及招标拍卖大街和建筑物广告使用权和路、桥、雕塑的冠名权，用盘活这些存量资产所得的 30 亿元资金，吸引了 30 多个省市房地产开发商和商贸企业来投资，大搞城镇建设和环境建设，同时引进高新技术产业，大力发展旅游业，促进了文化事业繁荣，资产增量共达 120 亿元

（续表）

地区	模式选择	主要做法
河北衡水	凭借大交通发展大市场	通过大交通带来大流通、大市场，大大拓宽了社会投融资渠道。抓住京九铁路贯通的机遇，组织专门队伍沿京九、京广、京沪铁路北上南下，到各城市进行招商，使衡水成为各方投资的热点；请来国内知名专家设计城市，改善城市环境；制定政策鼓励农民进城落户经商；邀请北京、天津、重庆、广州等地的商家来经营服装、食品、化妆品和特色餐馆等。衡水市每年城建资金只有1000万元，3年来城区面积扩大了1倍；老城区得到全面改造，总投资高达23亿元，其中98%以上来自城市经营
山东曲阜	突出城市特色经营文化名城	利用孔子故里和历史文化名城的特色优势，把经营城市文化、培植城市个性、突出城市特色，作为重要的资产来经营，使曲阜成了外商投资的热点。曲阜还大力发展教育事业，吸引世界各地的著名教育家来办学；发展文化产业，建立孔子研究院和以孔子系列书籍为主要内容的出版业；建设富有特色的街区；大搞绿化，吸引了世界各地的游人，发展了旅游业。这些大大提高了曲阜的城市品位，实现了城市资产的再次升值，增强了城市的经济竞争力

资料来源：《决策》2010年第12期

果和经验。就其城市经营的理念和方式，主要有以上7种主要模式。经验表明，经营城市即使只在公共产品范围，仍然需要把握重点，找准难点，才有成功的亮点。现在不少地方经营城市的内容过于琐碎，比如把桥梁冠名权、广告发布权等都开列进去，这有可能导致“抓了芝麻，丢了西瓜”。

城市经济发展是城市功能赖以发挥作用的重要物质基础。通过这次全球金融危机对城市发展的冲击，更清晰地认识到城市经济的发展要强调综合协调发展。实践证明，越是城市功能单一化、产业体系非均衡、可持续发展能力差的城市，所受到的冲击就越大。因为在面临强大冲击时，没有更多的回旋余地。这给我们一个重要的启示是，在中国经济转型和城镇化发展的过程中，不能片面追求所谓的现代服务业发展，而忽略传统服务业发展，以及简单抑制或排斥制造业的提升发展。同样，在城市国际化过程中，也不应片面强调增强对外服务功能，而削弱对内保障服务功能。在城市经济发展中，要培育复合性功能，不仅要增强要素资源大量积聚、流动、配置的服务功能，也要提升生产能力和创新能力，还要具备为本地居民提供更好的服务与保障功能，而且这些功能要有机地结合起来。

城镇化作为发展中国家经济增长的重要推动力，在肯定城市经济转型升级对国民经济转型的重要意义前提下，我们需要进一步来思考目前中国城市经济转型中，出现了哪些亟待解决的问题。在城市化持续推进背景下，随着城市经济转型升级的深入，面临的三个主要问题和瓶颈，逐渐引起了专家和学者们的思考：一是城市经济转型升级中的可持续发展观缺失，二是生产性服务业与制造业未形成良性互动，三是城市经济产业升级问题亟待解决。城市经济转型升级是一个系统工程，涉及方方面面，而且难度极大，需要各级各方面加强协作，相互促进。我们要以全局和战略的思维把握方向，敢为人先，开拓进取，积极推进创新创业，大胆探索符合城市实际和具有鲜明特色的经济转型升级之路。

区域创新：五大数据看能力

研发经费——苏京粤投入超千亿元

数据显示，2012 年，全国研究与试验发展（R&D）经费投入总量已达 10240 亿元，比上年增加 1624.4 亿元，增长 17.9%。与国内生产总值（GDP）之比达到 1.97%，比上年的 1.84% 有所提高。根据不完全数据显示，江苏、广东、北京 2012 年研究经费投入均超过 1000 亿元，占当年 GDP 分别达到 2.3%、2.1% 和 5.8%，另外，天津、上海等地 R&D 与 GDP 之比也超过了全国平均水平。

另据《2012 年全国及各地区科技进步统计监测结果》显示，2012 年，上海、天津、北京、江苏、广东、浙江、山东 7 地的科技活动投入指数较高，均高于全国科技活动投入的平均指数 60.54%。

2015 年，全国研究与开发经费将达到 1500 亿元，占当时 GDP 比重的 2.2%。据各地数据显示，黑龙江、安徽、福建、广西、重庆等地区 2015 年的目标值与全国平均值持平（或略高于全国平均值）。上海、天津等地则高于全国平均水平，其中上海达到了 3.3%。

□ 浙江省创新驱动发展的主要目标

项目	目标值（2015年）	目标值（2017年）
R&D经费支出	达到1100亿元（占GDP2.5%)	超过1400亿元（占GDP2.7%左右）
研发人员数	达到44万人/年	超过60万人年
发明专利授权量	17000件	达到23000件
规模以上工业新产品产值	超过20000亿元	达到27000亿元
高新技术产业产值	超过21000亿元	达到28500亿元
技术市场实现交易额	达到120亿元以上	达到160亿元以上
高新技术企业	超过7000家	接近10000家
科技型中小企业	超过15000家	达到20000家以上
科技进步贡献率	达到57%	达到60%
全社会劳动生产率	12万元/人左右	达到14万元/人

资料来源:《中共浙江省委关于全面实施创新驱动发展战略 加快建设创新型省份的决定》

□ 江苏创新驱动战略目标值（2015年）

项目	目标值
全社会研发投入占地区生产总值的比重	达2.5%
人力资本投资占地区生产总值的比重	达15%以上
百亿元GDP专利授权数	达400件
科技进步对经济增长贡献率	达60%以上
高新技术产业产值	超过21000亿元
技术市场实现交易额	达到120亿元以上
高新技术企业	超过7000家
科技型中小企业	超过15000家
科技进步贡献率	达到57%
全社会劳动生产率	12万元/人左右

资料来源：《中共江苏省委、江苏省人民政府关于实施创新驱动战略推进科技创新工程加快建设创新型省份的意见》

□ 2012 年部分地区研发经费情况

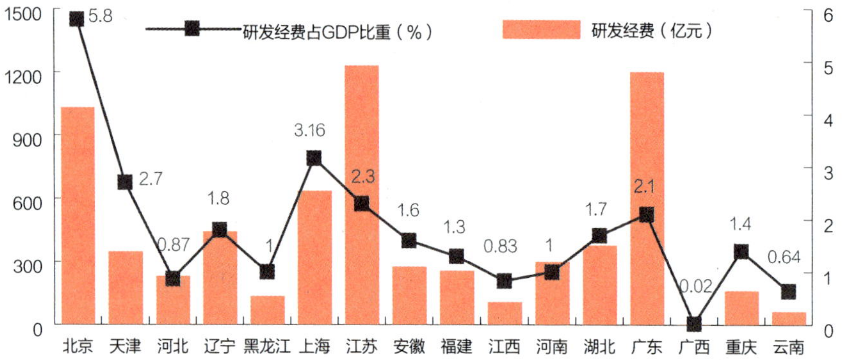

注：研发经费中天津为计算值；研发经费占 GDP 比重中辽宁、山东、河南、广东、广西为计算值；广西研发经费为技术研究与开发经费，并以此计算其占 GDP 比重。

资料来源：据各地 2012 年统计公报及媒体公开报道整理

高新技术产业——山东增加值最高，安徽占比最重

数据显示，2012 年，山东省高新技术产业增加值达到了 7430.6 亿元，高于全国其他地区。内蒙古、吉林则较其他地区逊色，高新技术产业增

□ 2015 年全社会研发经费占 GDP 比重（%）

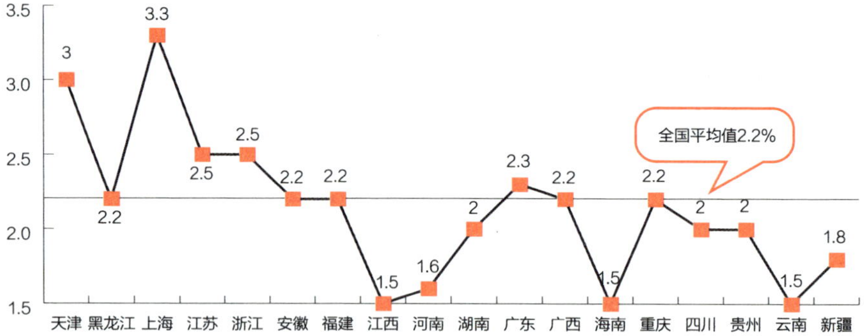

资料来源：据媒体公开报道综合整理

□ 2012 年科技活动投入指数

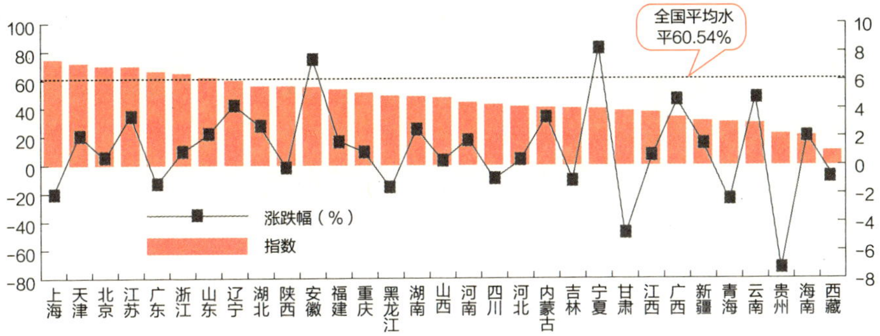

资料来源：据媒体公开报道综合整理

加值未达 1000 亿元，分别为 801.13 亿元和 336.69 亿元。而从高新技术产业增加值占 GDP 的比重来看，2012 年，安徽、湖南、山东分别达到了 15.2%、15% 和 14.9%，高于全国其他地区。

□ 安徽“十二五”区域创新体系主要目标

序号	项目	目标值
1	全社会研发经费占生产总值的比例	2.2%
2	大中型工业企业平均研发投入占主营业务收入的比例	1.5%
3	战略性新兴产业增加值占生产总值比例	8%
4	科技进步贡献率	55%
5	每万人有效发明专利拥有量	3.4 件
6	每万人就业人员研发人力投入	43 人 / 年
7	公民具备基本科学素质比例	5%
8	高新技术产业增加值占生产总值的比例	16%
9	大中型工业企业建有研发机构的比例	60%
10	高新技术企业数占规模以上工业企业数的比例	15%

资料来源：《中共安徽省委、安徽省人民政府关于深化科技体制改革加快区域创新体系建设的实施意见》

□ 2012 年部分地区高新技术产业情况

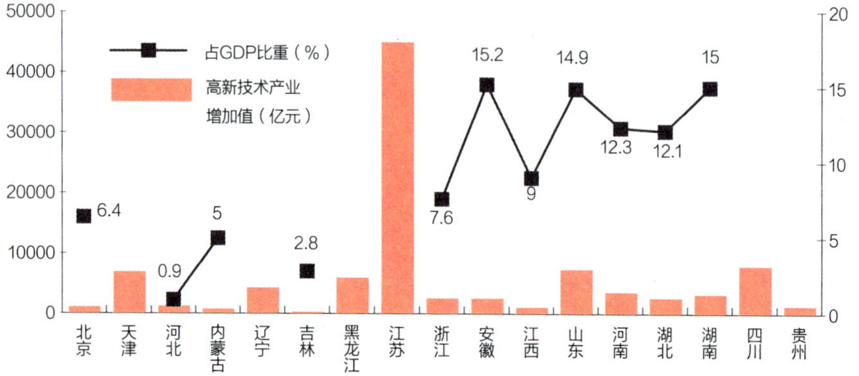

注：天津、黑龙江、江苏、四川、贵州高新技术产业增加值为高新技术产业产值，内蒙古、辽宁、河南为计算值；除北京、安徽、湖南外，占 GDP 比重数值均为计算值。

资料来源：据各地 2012 年国民经济和社会发展统计公报、各地 2012 年高新技术产业统计公报及媒体公开报道综合整理

□ 2015 年部分地区高新技术产业发展目标

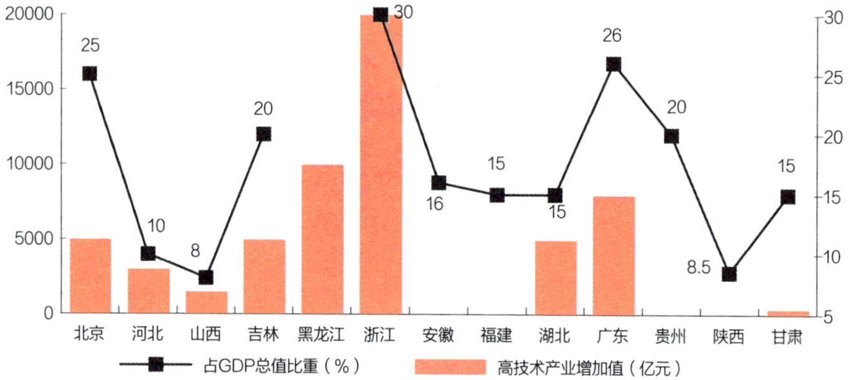

注：高新技术产业增加值吉林、黑龙江、浙江为高新技术产业工业（总）产值，广东为规模以上高新技术制造业增加值；高新技术产业增加值占 GDP 比重吉林、浙江、陕西、甘肃为高新技术产业增加值占工业增加值的比重，广东为占全省规模以上工业增加值的比重，贵州为装备制造业和高新技术产业增加值占工业增加值的比重。

资料来源：据媒体公开报道综合整理

另外，根据目前的数据预测，北京 2015 年高新技术产业增加值占 GDP 比重将超过 20%，达到 25%，安徽、福建、湖北、河北等地高新技术产业增加值占 GDP 比重也将达到或超过 10%。

战略性新兴产业——天津目标数据最高，湖南目标跨度最大

《“十二五”国家战略性新兴产业发展规划》显示，到 2015 年，战略性新兴产业增加值占国内生产总值比重达到 8% 左右。根据各地数据显示，除河南（7%）、海南（6%）以外（黑龙江、湖北、贵州暂无数据），其他地区 2015 年的发展目标均达到或超过 8% 的全国平均水平。其中，包括天津、北京等 16 地区的目标值达到或超过 10%，天津、北京较高，达到 30% 和 25%。

根据 2012 年的数据，湖南要实现 2015 年战略性新兴产业占 GDP

□ 2012 年部分地区战略新兴产业情况

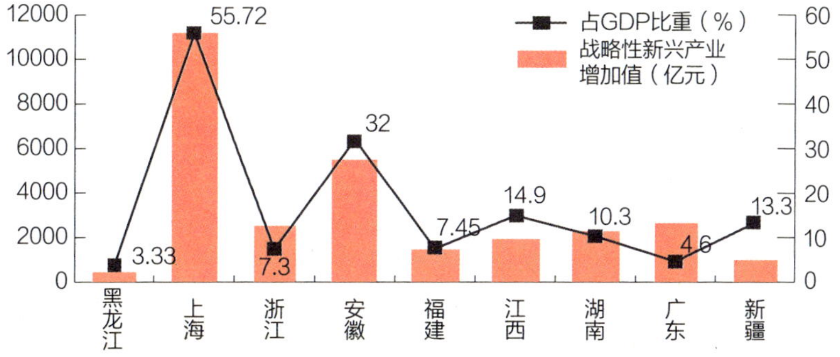

资料来源：据媒体公开报道综合整理

□ 2015年部分地区战略新兴产业发展目标

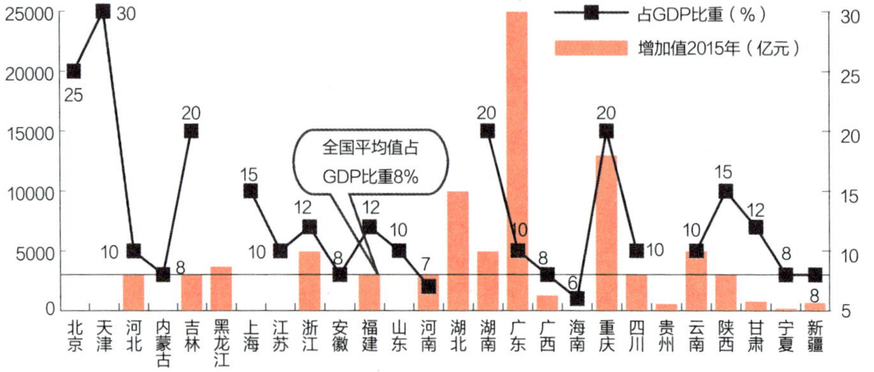

注：战略性新兴产业增加值黑龙江为战略性新兴产业总收入，湖北、广东、重庆为战略性新兴产业产值，云南为战略性新兴产业销售收入；战略性新兴产业占GDP比重天津为战略性新兴产业占工业总产值比重。

资料来源：据媒体公开报道综合整理

比重20%的目标跨度最大。数据显示，2012年，湖南、浙江、福建、广东战略新兴产业增加值分别占GDP总量的10.3%、7.3%、7.45%和4.6%，而要实现2015年的目标值差距则分别为9.7%、4.7%、4.55%和5.4%。

专利密度——6地区专利密度高于全国平均水平

数据显示，2012年全国专利密度为3.2件每万人，北京、上海、广东、天津、浙江、江苏6地区的专利密度超过全国平均水平。河南、云南等在内的12地区的专利密度不及1件每万人。

□ 2012 年各地专利密度情况（件 / 万人）

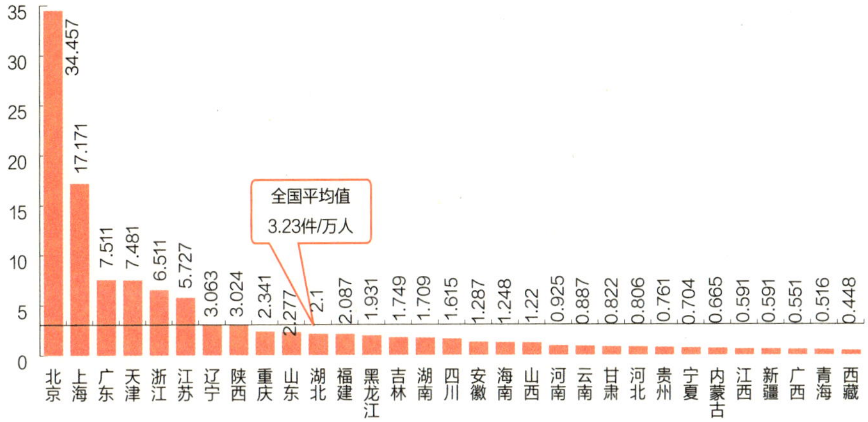

资料来源：据国家知识产权局专利业务工作及综合管理统计 2012 年 12 月月报整理

科技进步贡献率——江苏达 56.5%

数据显示，2012 年，江苏、黑龙江、湖南、陕西等省份科技进步贡

□ 2012 年部分地区科技进步贡献率情况

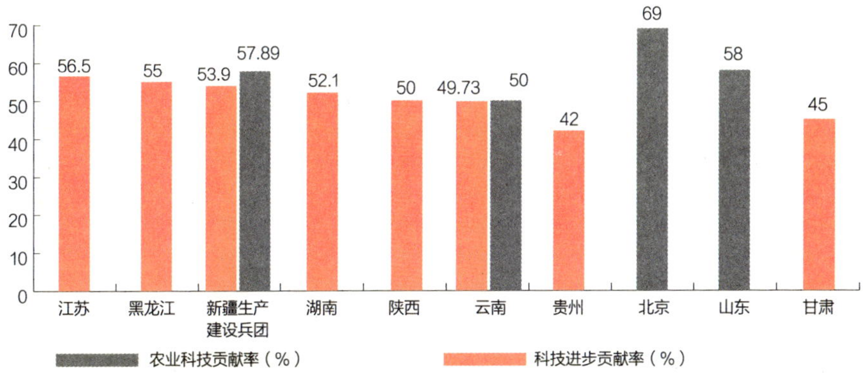

资料来源：据媒体公开报道综合整理

□ 2015 年部分地区科技进步贡献率情况

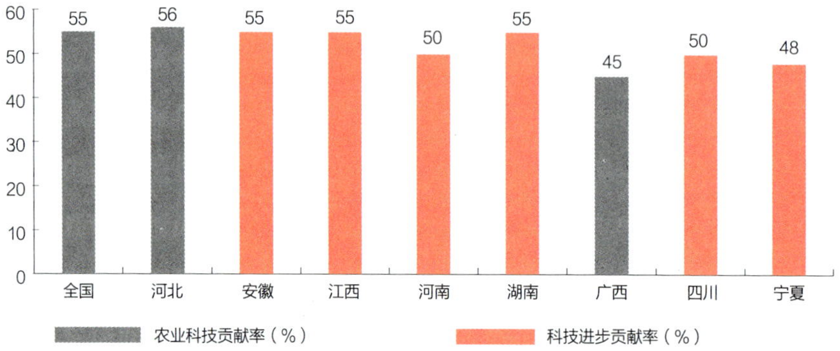

资料来源：据媒体公开报道综合整理

献率达到或超过 50%，其中江苏比重最高，达 56.5%。2012 年，全国科技进步对农业增长的贡献率由 2011 年的 53.5％提高到 54.5％，北京、山东均超过全国平均水平，分别达到了 69% 和 58%。另外，绝大部分地区 2015 年的目标值都在 50% 及以上。

产业经济

N a t i o n a l   P o w e r

中国临空经济发展的现状及趋势分析

临空经济在带动区域经济发展中的作用日益突出，逐渐成为城市经济新的增长极。在中国，随着民航强国战略的提出，机场及其衍生的临空经济在国民经济发展中的作用日趋明显，各地相续规划、发展临空经济区，推动临空经济呈现与中国城镇化建设协调发展，实现空港联动、区区互补协作。然而，部分地区的临空经济园区在规划和发展中也暴露出诸多不足之处，如长期规划欠缺、战略定位模糊、管理机制失效、配套设施落后等问题，严重影响临空经济的发展速度和建设水平。鉴于此，国家和地区发展临空经济，需要长远科学规划、明确战略定位，完善管理机制、健全配套设施，并为临空经济区发展提供政策支持等。

中国临空经济现状及趋势分析

伴随着全球范围内产业结构、产品形态及产业组织结构的转型、升级，临空经济在区域经济格局中的地位日益突出，作为新兴经济形态，逐步成为全球经济新的增长极。国家“十二五”规划中已经明确把航空产业列为推动重点领域跨越发展的产业，2012 年 7 月 8 日发布的《国务院关于促进民航业发展的若干意见》也把民航业定位为中国经济社会发展重要的战略产业，并明确提出要大力推动临空产业发展。目前，中国临空经济区已经进入快速发展时期，初步形成了以北京、上海、广州等枢纽机场临空经济区为中心；以成都、昆明、重庆、西安、深圳、杭州、武汉、沈阳、天津等直辖市、省会城市或重点城市的特色临空经济区为骨干；其他城市相继顺势规划发展临空经济区的基本格局。

中国民航业依托政策扶持从初具规模迈进集群化

相比较其他运输方式，民航业涉及诸多领域，需要多个相关部门支持和参与。同时，民航业技术高端、资金密集、风险度高，具有天然的国际性、准军事性，行业系统性强，安全生产运营要求高。加快民航业发展方式转变和结构调整，持续全面地增强民航运营主体实力，实现科学发展、安全发展是中国未来民航经济发展的重要内容。

经过 20 多年的建设和发展，中国机场总量初具规模，机场密度逐渐增大，民用运输机场体系初步建立。2008 年 1 月，《全国民用机场布局规划》获得国务院批准出台，标志着中国航空机场群落化构建态势的形成。按照规划，到 2020 年，中国民航运输机场总数将达到 244 个，形成北方、华东、中南、西南、西北五大区域机场群。其中，北方机场群新增 24 个；华东机场群新增 12 个；中南机场群新增 14 个；西南机场群新增 21 个；西北机场群新增 26 个。2012 年，中国境内民用航空（颁

□ 2008—2012 年民航运输总周转量

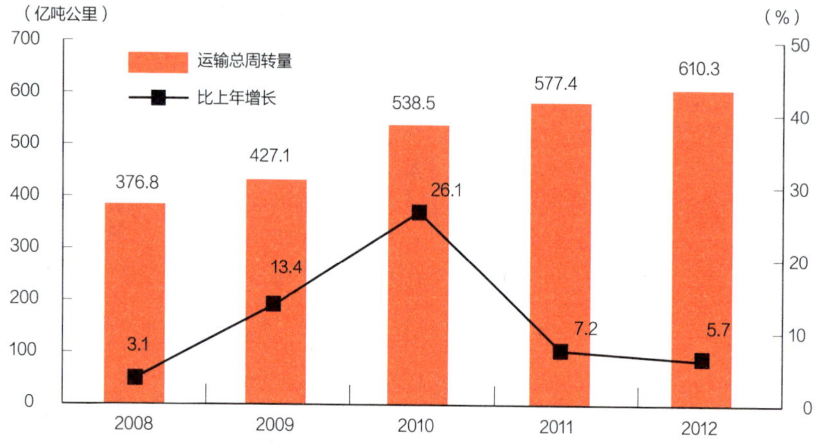

资料来源：《2012 年民航行业发展统计公报》

证）机场共有 183 个（不含香港和澳门，下同），其中定期航班通航机场 180 个，定期航班通航城市 178 个。

其实，中国民航业从发展至今一直受到国家的高度重视。“十一五”以来，国家财政累计安排 900.4 亿元用于支持民航发展，比“十五”期间增长一倍多。其中，支持民航机场和空港建设 641.1 亿元；中小机场补贴、支线航空补贴、基建贷款补贴等 242.6 亿元；支持民航节能减排 6 亿元；应对雨雪冰冻，汶川、玉树地震等重大自然灾害和突发事件补助 10.7 亿元等。2012 年 7 月发布的《国务院关于促进民航业发展的若干意见》是新中国成立以来第一部全面指导民航业发展的纲领性文件，提出了到 2020 年民航业发展的总体要求、主要任务和政策措施。核心目标包括到 2020 年民航业实现运输总周转量 1700 亿吨公里；客运人次达到年均 0.5 人 / 次，近 7 亿人次；2011—2020 年均行业增速 12.23%，客运增速 10.09%。2013 年 1 月 22 日，国务院办公厅印发的《促进民航业发展重点工作分工方案》，延续了2012年7月发布的《国务院关于促进民航业发展的若干意见》政策，是对前次政策的细化，总体看来，指导性意见居多，新增内容有限，对原有内容进行了重点强调和详细说明。进一步明确各省市及国务院有关部门的具体责任，内容涉及任务的16大项56个方面。

2012年，在世界经济不景气的情况下，中国民航主要运输指标仍保持平稳快速增长。全行业完成运输总周转量610.32亿吨公里，比上年增加32.88亿吨公里，增长5.7%，其中旅客周转量446.43亿吨公里，比上年增加42.90亿吨公里，增长10.6%；货邮周转量163.89亿吨公里，比上年减少10.02亿吨公里，减少5.8%。同年，国内航线完成运输周转量415.83亿吨公里，比上年增加35.22亿吨公里，增长9.3%，其中港澳台航线完成13.66亿吨公里，比上年增加1.02亿吨公里，增长8.1%；国际航线完成运输周转量194.49亿吨公里，比上年减少2.35亿吨公里，减少1.2%。

在中国所有通航机场中，2012年旅客吞吐量在100万人次以上的有57个，比2011年增加4个，完成旅客吞吐量占全部机场旅客吞吐量的95.3%；年旅客吞吐量在1000万人次以上的为21个，与上年持平，完成旅客吞吐量占全部机场旅客吞吐量的74.0%；北京、上海和广州三大城市机场旅客吞吐量占全部机场旅客吞吐量的30.7%。

各机场中，年货邮吞吐量在1万吨以上的有49个，比上年增加2个，完成货邮吞吐量占全部机场货邮吞吐量的98.5%；北京、上海和广州三大城市机场货邮吞吐量占全部机场货邮吞吐量的53.5%。全国各地区货邮吞吐量的分布情况是：华北地区占18.1%，东北地区占3.6%，华东地区占41.7%，中南地区占23.4%，西南地区占9.8%，西北地区占2.2%，新疆地区占1.2%。

总体上看，尽管中国航空业和临空经济起步较晚，但随着经济飞速发展的带动及市场巨大需求的促进、政府的高度重视，未来中国临空经济面临着巨大的发展机遇和广阔的发展前景。

临空经济从萌芽起步、快速发展到高速扩张

从时间维度和发展规模来看，近年来中国临空经济的发展呈现出井喷式的发展状态。中国临空经济从其发展历程上看大致可分三个阶段，第一个阶段是萌芽起步阶段，即 1992—1998 年，北京、上海等几个大型城市开始构建空港经济区。第二个阶段是快速发展阶段，2000—2005 年期间，相继有哈尔滨、广州、大连、天津、西安等城市开始构建和规划空港经济区。第三个阶段是从 2006 年至今，一些沿海或内陆大中型城市包括呼和浩特、沈阳、昆明、武汉、郑州、南京、宁波、杭州、安顺、佛山、乌鲁木齐、长株潭等越来越多的地区加入到空港经济区的建设中。

□ **2012 年中国 21 家千万级机场级别分布**（不含港澳台地区）

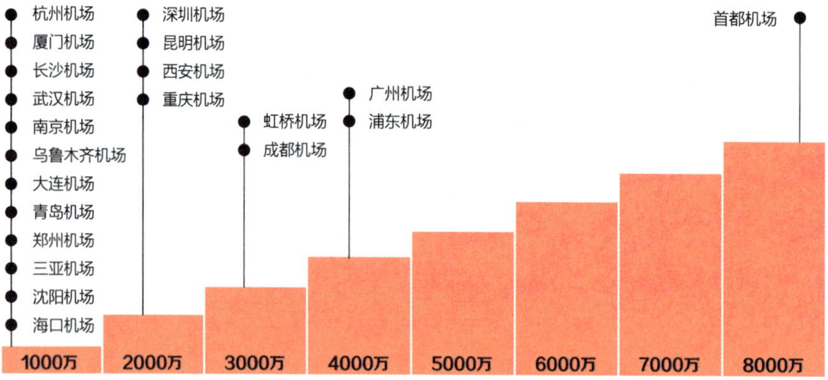

资料来源：美通社《2012 年度中国千万级机场旅客吞吐量统计》，2013 年 1 月 24 日

临空经济区概念20世纪90年代中期首次被引入中国大陆，由于当时受经济发展水平及社会环境的限制，没有得到足够的重视和充分的发展。但随着中国宏观经济的快速发展和产业结构的深入调整，中国临空经济也得到了迅猛的发展，机场数量迅速增加、机场规模不断攀升，机场网络日趋完善。如北京顺义首都国际机场，2009年首都国际机场成为全亚洲最繁忙机场，2012年的客流量更上升至全球第二高值，超过8100万人，仅次于美国亚特兰大国际机场。

未来10年，中国将成为世界最大的航空市场。根据2011年4月发布的《中国民用航空发展第十二个五年规划》，中国计划新增机场82个，扩（改）建101个现有机场，全行业投资将超过1.5万亿元，“十二五”期间，中国将不断优化运输机场布局，加速构筑“五大机场群”为载体的区域“临空经济带”，到“十二五”末，中国机场的数量将达到230个，预计在2020年、2030年中国旅客运输量将分别达到7亿人次、15亿人次。

中国各地方临空经济发展的程度存在较大的差异。北京、上海、广州等地临空经济区已进入快速发展的阶段，而其他大多数城市的临空经济尚处于起步阶段。目前，全国约有50家省级政府和市级政府提出在空港周边建设空港经济区或者航空城，希望通过临空经济的发展，带动城区经济发展，加速城市经济、产业结构调整与转型，提高城市的综合实力与竞争力。

临空经济区产业特色鲜明、区域带动性强、布局及发展模式新颖

各地在发展临空经济过程中，呈现出较为鲜明的特点，主要表现在以下方面。

以临空偏好为指向的产业多元化

以航空运输（人流、物流）为指向的产业在经济发展中形成具有自我增强机制的聚集效应，不断引致周边产业的调整与趋同。这些产业在机场周边形成的经济发展走廊、临空型制造业产业集群及各类与航空运输相关的产业集群，进而形成以临空指向产业为主导、多种产业有机关联的独特经济发展模式。例如，新白云机场是中国发展前景最好的航空枢纽之一，从经济位置来看，经过 20 年的发展，“珠三角”已成为世界制造业中心之一，经济活动发达，并且面临着产业升级的需求。临空经济在推动区域经济发展的同时，也促进了周边产业集群的形成。

衡量产业集群绩效需要考虑多个方面，如盈利指标、产业投资风险指标、竞争优势指标、产业关联指标、就业水平指标等。综合多个关联因素分析新白云机场的临空经济，发现其已经进入到产业聚集的经济阶段，具有航空运输指向性的高新技术产业正在向集群化发展，并逐步形成产业链集群，如由化学原料及化学制品制造业与化学纤维制造业、医药制造业等形成的化学制品产业链，由金属制造业、电气机械及器材制造业及交通运输设备制造业等形成的设备制造业产业链等，此外临空经济区还存在一些航空运输指向性较弱的产业，如金融业、商业服务业、中介服务业等。

与之临近的白云区也逐步形成了特殊的产业群结构，通过对白云区工业产业集群综合指数的比较，发现指数最高的两个产业为通信设备、计算机及其他电子设备制造业和交通设备制造业，此外如皮革制造业、木料加工业、文体用品制造业、造纸业、橡胶制品业等也具有较高的综合指数，这些产业因服务于航空运输业或处于航空运输指向型产业的产业链而被吸引至临空经济区内。

机场规模差异性决定了临空经济特色发展路径

地区机场的特性、该区域经济的产业结构特性，这两者决定了地区临空经济的产业选择及发展模式。比如，天津早在2004—2005年就开始进行临空经济园区规划，而当时天津机场内只有一个啤酒厂、两个纺织厂及一些很传统的企业。2005年临空经济纳入中国的“十一五”规划后，空中客机A320的选址之一落户到天津。此后空中客机A320这个核心产业带来的上下游产业就纷纷聚集，产业的轰动效应使中航工业直升机、无人机都落户到了天津。

临空经济区在发展过程中要充分考虑到区域特色及周边的经济产业结构，法兰克福临空经济区的支柱性产业之一就是物流服务业务，建在法兰克福机场附近的物流城，总面积149公顷，有数百家物流运输公司，这些公司将世界各地的产品运进德国，也将德国的产品送往世界各地。德国是传统的机械制造业强国，世界上最主要的机械设备出口国，世界各国使用的大量的机械设备常年需要从德国进口各种零配件，正是因为有以法兰克福机场为中心的触角遍及全球的空中运输网，加上物流城高效的配送系统，才能使德国制造的机械设备在世界各地都能得到及时的配件供应。

空港型综合保税区成为临空经济发展的新驱动

自由贸易区是经济全球一体化的最高形态。在中国，自由贸易区有不同的称谓和功能，如果有海港叫成港区，如果没有就叫空港综保区，如上海的机场综保区和广东的综保区。综保区是中国开放层次最多，功能最齐全的经济活动社区，行政最简化的一个开放区。空港综合保税区以其开发、自由、便捷的模式，为临空经济的发展提供基础与制度保障，促进临空经济产业的快速发展。

保税区在管理模式上一般采用“境内关外”操作模式，即保税区作为国境内、关外，保税区内商品进入国内视同进口；境内商品进入保税区视同出口；保税区内贸易和加工项目可享受保税或免税等税收优惠政策。此外，保税区还提高了国际贸易的便利性，除国家特殊规定外，保税区内一般无须进出口经营权、配额、许可证管理，外经贸、外汇管理等部门对保税区也实行较区外相对优惠的政策，保税区内贸易商可以享受较大的经营便利。

保税区是继经济特区、经济技术开发区、国家新技术产业开发区之后，开放程度更高的经济性区域；是带动区域经济发展的功能区，也是中国推行改革开放战略的试验区。保税区以发展保税仓储、转口贸易及技术密集型的出口加工业为主，是吸引国内外投资的促进区。保税区可以最大限度地利用国外资金和技术发展当地外向型经济，从而带动区域经济的发展。

自由贸易区，是指主权国内的贸易自由化，具体指向某一国家或地区境内设立的小块特定区域，实行优惠税收和特殊监管政策。新成立的上海自由贸易区主要包括外高桥保税区、洋山保税港区和浦东机场综合保税区等，相比目前各类保税区，自由贸易区意味着更优惠的政策、更大的开发度。

上海自由贸易区的设立对上海临空经济区的建立有着积极的推动作用，这不仅体现在浦东临空经济区直接涵盖在自由经贸区的范围内，还包括更开放的税收、外汇政策。在以往的建设发展过程中，由于政府对税收及金融市场的管制严格，导致中国临空经济区在金融及商业服务业等现代服务业领域，不具发展优势，相关产业配套设施及政策不完备，限制了临空经济区的发展。

上海自由贸易区的建立，不但可以实现临空经济传统管理模式的转变，还可以提高临空经济区内贸易模式的开发度，建立起一套与国际接轨的模式。此外，开放的政策如外汇政策、税收政策等，可以更进一步提高临空经济区的国际竞争力。

临空经济空间呈现“蛙跳式”发展

临空经济发展的模式是临空经济偏向的问题，如佛山的三水区等地区的发展都是隔区发展，即不是连片发展，而是跳跃式发展的模式。这种发展模式，可以充分有效地整合相邻地区的优势资源，实现不同区域经济的协同发展。随着区域经济产业结构的优化及陆地多型交通设施的完善，这种发展模式将被越来越多的地区所借鉴。

中国临空经济区之所以呈现“蛙跳式”，主要还是受到区域资源的配置及经济发展水平的限制，只有实现跳跃式发展才可以最大限度地整合、优化资源，实现资源的最佳配置。比较发现，这种现象主要出现在沿海各省，如江苏省有南京、无锡、常州、盐城、连云港、徐州、南通7个临空（港）经济园区；浙江省有温州、杭州、宁波、嘉兴4个临空（港）经济园区；广东省有广州、珠海、深圳、佛山4个临空（港）经济园区。

以江苏省为例，江苏省地处中国长三角地区，经济发达，聚集各种产业，形成了完善的产业链结构；此时，使每个城市形成各式各样完整的产业结构，显然没有必要，因为便捷的交通可以将各个地区、区域构建成一个统一的有机体，实现区域资源之间的互补、配合。

徐州、连云港和盐城机场属于苏北，南通机场属于苏中，南京、无锡、常州机场属于苏南。苏北各机场的临空经济促进资源的整合的效率均低于苏中，苏中的效率又低于苏南各机场，整个江苏从北到南呈现出阶梯状的效率布局。苏南无论是临空经济的发展还是其对资源整合都处于领先地位，苏北却正好相反，只有盐城勉强能和苏中相比。

临空经济跳跃式发展的出现也是区域经济发展不均衡的一种必然结果，鉴于资源的最佳配置及区域经济发展的不均衡；在规划临空经济时，就不能一味地追求全面发展，必须以突出区域特色及资源为中心，由点及面，由区域带动全局，从而实现经济的全面快速发展。

政府主导下的临空经济区发展

中国临空经济和国际航空经济发展有着明显的不同。在机场及周围土地的掌控及开发问题上，在中国主要是政府主导，在国外则是市场起着决定作用。中国临空经济的管理模式仍是以政府为主体，而相应市场调节机制缺失。临空经济的核心在于机场，机场的外部性所产生的区域经济效用决定了区域经济的深入发展，因此要进一步释放空港经济的潜能，就必须要实现机场管理及规划等机能及当地政府政策的完美融合。

中国临空经济区同国外著名临空经济区在发展、开放程度上还存在较大的差距，这也与政府严格管控税收政策与金融政策密切相关。临空经济发展的特色是自由、便捷、开放，要实现临空经济区的健康、持续发展，必须要逐渐淡化政府色彩，让市场杠杆作用来主导临空经济的发展。中国已经进行了积极的尝试，上海自由经贸区的建立就明确说明了这个问题。

宽松、开放的金融、税收制度和完善、和谐的协调、管理机构，可以深化临空经济区的改革，充分释放临空经济区的市场、经济潜能，提升临空经济区的核心竞争力，实现临空经济对区域经济的示范、带动作用，促进区域经济的发展。

中国临空经济发展的趋势分析

航空运输正在成为继海运、河运、铁路、公路之后的“第五冲击波”。在美国北卡罗来纳大学教授约翰·卡萨达看来，目前很多现代化的大都市功能都在机场或者机场临近地区有所显现，甚至机场本身也成了一个新城区——航空城。如美国的大型机场，日均消费人数已经超过了美国中等城市的消费人数，甚至比平均人数要高 20%。全球范围内，一些大型机场的非航空收入远远超过了主流业务的收入。机场周边快速发展的商业设施成为带动区域经济发展的一个重要动力，机场地区渐渐成为该地区的重要购物、交易和商业中心。

同样，临空经济也正成为中国新世纪、新经济格局下发展经济、带动区域发展的重要力量。作为中国经济发展的重要组成部分，临空经济对中国总体经济发生巨大作用力的同时，也受到中国总体经济发展水平、产业结构、发展速度的影响。具体说来中国临空经济呈现出以下发展趋势:

临空经济发展和中国城镇化建设相互推动前行

交通运输的发展是城镇化发展的重要支撑条件，它对于城市群的空间形态、产业布局和城市宜居水平具有直接引导作用，因此，城镇化与航空业发展高度关联，相辅相成。中国临空经济的发展必定促进新型城镇化发展，同时中国城镇化的发展也必定带动临空经济的进一步繁荣。

临空经济带来就业、居住及与之相适应的生活配套。其中，这种配套主要包括清新的空气、干净的水、良好的生态和绿地、优质的教育、

□ 临空经济发展动力

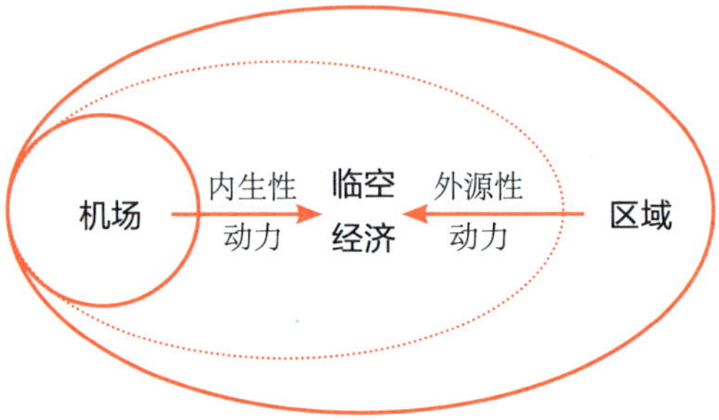

注：中国机场的不断发展催生并促进了临空经济的发展，而临空经济的发展又促进了中国城镇化的快速发展，同时，城镇化的快速发展又是临空经济发展的外援性动力。

资料来源：民航资源网

高水平的医疗服务、现代化的商业、现代化的网络、现代化的公共交通。这种配套是城市的形态、业态、文态、生态的优化，这种优化的功能无形中也促进了中国现代化小城镇的快速发展。

城镇化催生大量的航空消费群体。随着城镇化的深入发展，城镇人口迅速增加，居民收入和消费能力也将不断提高，这就会给航空业带来更多的客户群、消费源等。另外，城镇化两纵三横的空间战略格局，未来将会形成 20 个左右的城市群，聚集全国 70% 左右的城镇人口，对交通运输的需求将呈现高密度、快速化、多样化和无缝化衔接的趋势。这也将促进中国临空经济区在全国各地的扩展速度。

改变城市外延结构，发展新型城市群落

临空经济区也不再是简单的卫星城，而是城市群落的必然组成体，

是中心城市的一个重要组成部分，成为带动区域及城区经济发展的新引擎。新城市的诞生一般是由经济发展或工业链转移推动的，临空经济区作为一种新的经济模式，涵盖多种产业链和优势资源，具备了城市化进程的条件。以首都机场为例，首都机场作为中国临空经济发展的典型代表，对中国整个临空经济产业的规划和发展都具有较大的借鉴和指导意义。

首都机场临空经济区实现了与主城区经济的互补与完美链接，北京市作为国家的政治、经济、文化中心，涵盖各个行业，这些产业都和临空经济有着密切关联、良性互动。如产业中的石油加工、设备制造业、金融保险业就为临空经济航空运输业提供产品和技术服务；如邮政、旅游、教育、科学研究等为临空经济的发展提供市场保障和技术支持；如计算机服务、高新技术软件等新技术产业则为航空业的发展提供核心动力。与此同时，航空运输业也为这些产业提供了便利的交通网络，增强了其进入全球价值链的竞争力。

临空经济与主城区经济的发展是相互制约、相互促进的关系。最近，首都机场也打出了“生态卫星城”这一概念，即在物流及产业园区发展的催生和带动下，集商务、居住、娱乐于一身，同时促进居住人口的增加和发展，促进生态卫星城的发展，并形成良性上升的发展循环。卫星城可以转移主城的一部分产业及职能，如将主城区中对时间敏感性的医药、计算机服务产业、软件产业等高新技术产业转移到临空经济区内；将主城区中的石油加工业、设备制造业等与临空经济发展密切的行业转移到临空经济区周边，以保证临空经济健康发展。以临空经济区的便捷优势，带动主城区旅游、金融、文化产业的发展，实现资源共享、优势互补，防止临空经济区陷入“孤岛经济的模式”。

临空经济区产业以多样式、互补型特点健康发展

依托空港发展枢纽经济及航空制造业经济，对拉动区域经济发展，增加就业都具有极其重要的意义。临空经济的发展与周边区域经济体的经济实力、自然资源、产业水平、人文环境都有着密不可分的关系，如何根据区域经济的特点，发展特色的临空经济区，成为设计和规划临空经济区所必须面对和考虑的重要课题。

国外比较成功的临空经济模式主要包括综合枢纽导向型、航空产业驱动型、区域资源环境导向型等。根据各个地区不同的地理、资源、人文、经济环境，中国的临空经济也呈现出多种不同的发展模式，各具特色，使临空经济朝着多样化、互补化等方向健康发展。其中比较典型的包括首都机场临空经济区、上海虹桥—浦东临空经济区、郑州临空经济实验区等。首都机场地处北京，凭借政治经济文化中心独特的经济、人文环境，便捷的交通体系，具备了成为国际航空枢纽的先决条件；上海浦东—虹桥机场临空经济区，充分利用地理位置及经济因素，以雄厚的经济实力、便利的空港双行模式及长三角地区协同发展，整合优势资源等，为临空经济的发展提供强有力的保障；郑州凭借其地处中国交通枢纽中心、劳动力及自然资源丰富等优势，发展以物流产业及代工整配型产业为主导的临空经济模式，取得了显著的成绩。

临空经济区将促进构建“硅谷”式产业带

中国临空经济区作为高新技术的聚集区，具有明显的市场导向和技术优势。由于区内高新技术产业林立，各种资源（资金、高新技术、物

流产业链）配置完备，使其具备了发展成为特色产业、高新技术产业聚集基地的条件。国外著名的临空经济区如美国的西雅图机场，波音公司在西雅图的两个总装厂，均紧邻机场。波音公司的制造业及其他的服务部门，如售后服务、培训、资产公司等则布局在西雅图城区，西雅图形成了以航空研发、制造、服务产业为主导，并延伸发展其配套服务业，初步构建了完整的航空制造产业链。

在建设规划中国临空经济区时，要充分借鉴外国经验，让一部分临空经济区凭借自身特点，发展特色产业，如郑州临空经济区，就依托地缘、人口和交通优势，聚集了一大批如富士康式的代加工企业，使其成为一个综合式的代加工基地。充分利用、整合现有资源，发展特色经济、提高临空经济区核心竞争力，发展中国临空经济区特色“硅谷”产业带势在必行。

北京临空国际经济技术开发中心管理委员会于2005年6月成立，2007年3月正式挂牌运行。2008年4月加入中关村科技园区，规划总用地面积10平方公里，一期规划面积5.2平方公里。园区是北京市顺义区发展高科技产业的预留地和新兴地，是北京市六大高端产业功能区之一的临空经济区的高科技核心板块。

园区的主营业务为信息产业及相关服务业，主要引进新兴信息、高端装备制造和顶尖航空航天技术三大战略性新兴产业，配套引进金融商务、科技服务、信息资源等生产性服务企业，致力于打造中国第一个临空型、国际化、信息产业为主导的高新技术产业基地。

园区依托临空经济区和中关村创新资源优势，主要承担中关村科技园区技术溢出和产业辐射，吸引中关村自主创新发展型企业到园区做大做强，实现电子信息类高新技术产业集聚发展，打造“电子城—空港—临空国际”中关村东线临空信息产业带。

呈现空港联动，区区互补协作模式

航空运输相对海运、陆运而言，最大的优势就是快捷，这也是临空经济迅速发展的一个重要因素。然而这也不代表航空运输可以脱离陆运、海运而独立发展，这三者是相互依存、优势互补的。实现空港与陆港、海港运输的无缝对接，也是未来几年发展临空经济园区规划与建设中需要解决的一个重大问题。目前在中国的临空经济建设中已经出现了相应的协作模式，如上海临空经济区的“大通关”，大连机场集团与大连港集团签订合作框架协议，共同缔结战略合作伙伴关系，实现机场空运与港口海运服务的无缝对接等都是空港一体化的典型代表。

“空铁联运”概念在欧美地区已兴起多年，其中比较著名的包括法兰克福机场、阿姆斯特丹史基浦机场；“空铁联运”也是一个国家交通体系完善成熟的体现，目前中国只有虹桥机场出现了此种运营模式；其实高铁的兴建并不完全意味着与航空运输业的竞争，相反两者之间还有积极的互补、促进作用。以虹桥机场与京沪高铁为例，京沪高铁的兴建不但为虹桥机场吸引了大量的客流，还为虹桥机场提供了基础保障，如大雾或者恶劣天气飞机无法起飞时，可以通过高铁及时对旅客进行疏导，缓解机场压力；同时京沪铁路的兴建还促进了虹桥机场的改革，比如开通“京沪快线”提高了机场的服务质量及运营效率。

另外，嘉兴临空经济区提出的“四空、四港”战略，即通过便捷的陆路交通将上海虹桥国际机场、上海浦东国际机场、杭州萧山国际机场、嘉兴机场及上海港、阳山港、宁波港、嘉兴港连接起来，构成一个航空—陆运—海运无缝对接的运输网络，充分利用区域优势，提高整个区域的综合竞争力。

同时，广州临空经济区也提出了五大机场（珠海机场、深圳机场、广州机场、香港机场、澳门机场）临空经济区相互合作，避免恶性竞争，形成产业群。产业群同都市群之间的互动，不仅使都市群推动产业群的发展，反过来产业群又推动都市群有更大的发展，提高整个区域经济的核心竞争力。

中国临空经济发展遇到的问题及其对策

近年来，中国临空经济迅速发展，不仅带动了城市的快速发展，也加快了中国城市国际化进程。当前中国各地临空经济发展中战略定位模糊、管理机制失效、配套设施落后等问题也逐渐暴露出来。总体上说，临空经济的发展，无论是整体规划，还是全面协调、宏观调控，都不是单独一方能够完成的，它需要政府、企业、社会组织及其他机构共同整合资源，统一规划、协同推进。

科学分工布局：解决结构性矛盾，推动临空经济区产业升级

中国临空经济的发展受到其所在区域经济发展水平、产业关联性、产业结构、地理区位、资源特点及政府政策等影响和制约。临空经济区内发展过程中存在产业布局不合理、产业结构矛盾突出的问题。只有改变产业结构，破解核心矛盾，才能促进临空经济区内的产业健康、合理地发展。

临空经济的产业链结构构建不够完善，很多与航空相关产业的潜能

□ 临空经济发展把控图

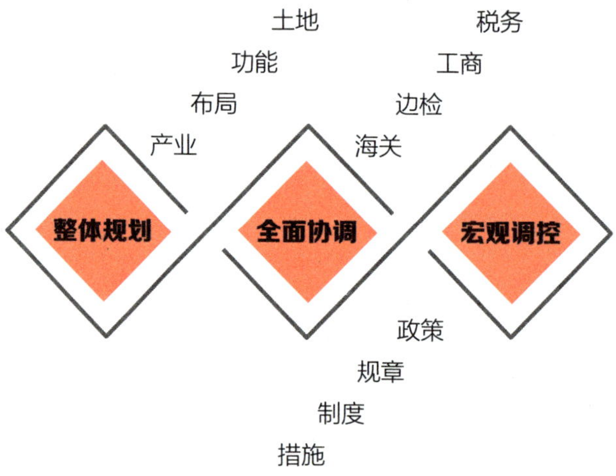

资料来源：中国临空经济网2011年11月11日

仍没开发出来，中国临空产业的收入及产业链的规划还主要集中在航空运输及物流产业。国外成熟机场的非航收入占比平均在70%左右，目前中国机场非航收入占比平均为30%左右。据统计，2011年，美国亚特兰大机场和丹佛机场的非航收入分别达到72%和78%，新加坡樟宜机场、日本成田机场的非航空业务收入也占据重要比重。因此，中国国内机场商业化还有待提高，非航收入还有很大的发展空间。2012年，北京首都机场非航收入占营业收入高达42%，同比增长7%。机场已日趋成为商务、休闲、购物的核心区域。中国的上市机场收入正在从跑道向商业中心转变，非航收入进入了一个快速增长的态势。面对中国目前非航空经济比较薄弱的现状，在今后的几年调整临空经济区的盈利发展模式，大力发展非航空经济就势在必行。

□ 临空经济园区结构性矛盾突出

突出问题	主要表现
核心区产业关联不强	临空经济区内合理的产业群落和产业链尚未形成，产业链的构建水平还有待进一步提高。例如，首都临空经济区内，西铁城（中国）钟表有限公司在顺义区基本没有配套企业，北京JVC电子产业有限公司产业链中的配套企业主要位于天津、浙江等地；北京松下普天通信设备有限公司的原材料来源地主要是日本和国内的天津、广州、上海、南京、北京等。原材料供应短缺及辅配系统的不完善，制约着空港区完整经济链的建立，限制空港经济区的健康、持续发展，使临空经济区丧失对周边区域的带动促进作用
产业布局不科学	机场的产业结构布局没有完全按照国际经典的圈式布局模式，这样不利于充分发挥临空经济区的自身优势，不能实现资源在空间上的最佳配置；这是因为机场是影响临空产业的重要因素，机场对周边地区的辐射能力随着距离的增加而减弱。此外，临空经济区产业结构配置不完善，不能吸引大型全能物流公司的入住，没有形成系统的物流运输保障体系，使物流运输的优势没有完全的体现出来，制约园区内经济的长远、健康发展
产业性结构矛盾突出	许多临空经济区的产业构成仍然主要以传统产业为主，导致区内产业结构的低端性与土地资源的稀缺性并存，两者之间矛盾逐步显现。如青岛临空经济区内聚集了一批冶金、机械、水泥等类型的企业，这类企业由于产品的特点多依靠运输成本低的海港物流，航空物流不能发挥其优势，造成了资源的极大浪费。而以航空运输（人流、物流）为指向的产业无法得到土地、资源的最佳配置。造成临空经济区内传统产业与高新技术产业资源配置矛盾日益尖锐

资料来源：民航资源网

航空经济是临空经济产业链中的一环，其对临空经济的带动作用也非常有限，只有在发展航空经济的同时，注重非航经济的发展，才能更好地推动临空经济区的发展。其中上海浦东机场非航经济的发展为我们提供很多借鉴作用。

浦东机场计划将磁悬浮和地铁二号线延伸到浦东机场站上层，建设一个集宾馆、购物、商业、会所于一体的多功能经济区，面积逾10万平方米，总投资超过10亿元。此外，还将货站、航空食品等业务实施有期限的专用权转让；与境外资金规划建造现代国际物流中心；市场化运作机场接待设施等。

非航空经济包括的范围很广，其中包括租金收入，如出租宾馆、餐饮店、零售店等场地给机场的直接用户；特许经营收入，如机场向提供广泛的购物和服务设施以满足不同市场群体的特许经营商收取特许经营费，此外还有广告收入、休闲娱乐设施收入等。

由于中国在传统的临空经济发展过程中，对非航空经济的重视力度不够，缺乏合理、科学的规划和管理制度，没有充分释放非航空经济对临空经济的促进作用，致使中国临空经济模式单一，缺乏市场竞争力及盈利能力，限制了临空经济的发展速度和发展规模。因此解决中国临空经济的结构性矛盾，推动临空经济区产业升级势在必行。

制定长远战略：突破区域性限制，充分整合临空经济区周围各种资源

做好经济区及其周边地区的规划，是发展好临空经济的首要因素，也是发展临空经济的重要战略问题。临空经济区的规划不仅包括园区运营、内部规划，还要从整个地区，乃至全国范围来思考如何对临空经济区进行规划布局、科学界定规模等。中国临空经济盲目发展，主要受两方面影响：一方面，中国“政府主导式”规划临空经济区的建设，“政府主导式”发展临空经济的资源配置效率并不高，尤其是土地集约利用率低，资源整合力度不够，不利临空经济区综合开发和管理。另一方面，因为中国临空经济发展的理论基础、实践经验都待研究和深化。各地区

发展环境不一样，这就需要地方政府根据自身情况，对临空经济园区做好战略性的长远规划。目前，一些二、三线城市，在没有充分认识自身情况、考虑自身资源的条件下，盲目投资、建设，既没有对机场空港区进行合理规划，又缺乏长期战略定位，不但造成了资源、环境的巨大浪费，还直接影响了中国临空经济的可持续发展。

临空经济作为一种新的开发式经济模式，其内在的一个因素就是要求可以充分地利用和整合临空经济区周围的各种资源。目前中国的体制及区域限制明显，不利于临空经济发展，因为临空经济发展的前提是开放式、自由式。因此，中国在临空经济的建设中，需要从中央到地方，统一规划，突破区域性限制，做好各级政府之间的协调沟通，充分调配各个区域的资源。

其实，临空经济区的发展应呈现一种渐进式的模式，兴建了一个大规模的临空经济区并不意味着有了一个大规模的临空经济产业，这两者之间是不能画等号的。临空经济的发展与本区域的经济发展水平、自然资源环境、人力等都有着密不可分的关系，只有当各种条件逐渐成熟或者具备某些特殊优势时，才适合大力发展临空经济区。如爱尔兰香农临空经济区，从 1959 年成立香农自由贸易区到现在的香农国家航空港自由贸易区，历经了半个世纪四个阶段的发展。

中国国家级的临空经济区首先在河南郑州落户。这是因为，位于中部地区的河南省，在中原崛起、中部崛起和中西部加速发展中具有重要的区位优势。只有将河南省打造成一个涵盖铁路枢纽、航空枢纽在内的综合交通枢纽，才能更好地利用区域及全球资源。从这个角度看，国务院 2013 年 3 月批复的郑州航空港经济综合实验区规划，具有深远的意义。

近几年，郑州机场的航空运输业取得了大幅度的发展，但从货运总量或旅客总量看较沿海各省市仍有较大的差距，受河南省经济发展水平

专栏

爱尔兰香农自由贸易区发展的四个阶段

1. 20世纪60年代之前：香农机场是国际上最早建设的机场之一，1942年建成伊始即成为重要的航空中转站，并于1947年开设了世界首家机场免税商店，陆续吸引了大量航空公司将其作为培训基地。

2. 20世纪60—70年代：爱尔兰政府制定了围绕机场全面开发香农地区的计划，并于1959年成立了香农自由空港开发有限责任公司，并赋予其全面开发香农地区的职责。香农开发公司在机场周围地区设立了世界上第一个免税工业区。1960年香农开发公司又在这里建立了世界上最早以出口加工业为主的自由贸易区（Shannon Free Zone），以其免税优惠和低成本优势吸引了大批国外特别是美国企业的投资。

3. 20世纪70—80年代：政府要求开发区重点发展科技型工业，加大吸引外资力度，并于1972年建立利默里克大学，使开发区拥有了自己的教育和科技研发机构；1984年，香农开发公司建立了利默里克国家技术园，很快实现了向技术密集型工业的转变。

4. 20世纪90年代以后：随着高新技术产业的发展，香农开发公司在政府的引导下逐步转向以发展服务业和知识经济型产业为主，并建立了凯里和提珀雷里两个技术园、恩尼斯信息时代园和博尔技术中心。香农机场自由贸易区也开始进入综合开发阶段。

资料来源：中国民用航空网

的限制，郑州临空经济区不能套用北京、上海等临空经济区的发展模式，而是要走一条充分发挥地方优势与特色的道路。

郑州航空港经济综合实验区主要包括核心区、主体区、辐射区；是以郑州新郑国际机场为核心、依托富士康郑州基地和郑州新郑综合保税区，以发展临空产业和航空物流为重点的临空经济区。郑州机场提出“货运为先，以货带客；国际为先，以外带内；以干为先，公铁集疏”战略方针及“开美、稳欧、拓非、连亚”航线布局战略要点，机场二期规划中还设置了货运专用跑道，奠定了发展航空物流的基础。同时，郑州航空港经济综合实验区将“全球航空货物集散地、全球电子信息产业基地、全国区域性高端服务中心、国际化航空大都市”作为自己的战略定位，充分发挥地区人口资源及交通优势，发展特色产业，力求将郑州临空经济区建设成为国际型航空物流、运输集散中心。

创新管理机制：实现临空经济园区与地区之间融合发展

从机制上讲，中国临空经济区主要缺少高级别的管理机构。这对临空经济发展的影响主要集中在以下两方面。一是会严重制约临空产业区的经济内容和周边区域产业发展的协调性。目前，中国很多临空经济区的产业结构与附近地区的产业结构几乎毫无关联，使临空经济区陷入了“孤岛”困境。这种现象的出现在于缺少一个高级别的临空管理机构来统筹规划临空经济园区与其附近的产业布局及其长远发展。二是临空经济区在长期发展中遇到的问题不能得到有效协调解决。目前中国临空经济正处于快速发展上升时期，在开发、扩建等发展的过程中不可避免地会遇到一些问题。如土地开发问题，而在此过程中，又不能简单采用资金补偿“一刀切”的方式，也不能绕过这些区域“跳跃式”发展。

这就需要一个高级别的组织管理机构来协调、解决这些问题，进而为空港区的发展提供保障。此外，2002 年中国机场属地化改革后，民航总局更需要与地方政府在临空经济区的规划建设方面达成共识，只有做到高度的协调，才能把握好中国临空经济发展方向，实现临空经济区与临港区之间的统一协调发展。

临空经济的发展需要一个开放的市场、发展环境，为了使临空经济区实现健康、持续发展，需要政府做出一些行政制度的转变，如临空经济作为一个独立的经济体，需要尽量淡化政府的行政机能，让市场经济充分发挥作用，政府不适于过多的干预；在具体的操作过程中可以成立中央直属的临空经济管理委员会，直接负责协调临空经济区与地方、临空经济区之间的关系，以及临空经济区的发展与规划等。

放宽临空经济区的税收及金融政策，给临空经济区注入新的市场竞争活力，提高其在国际市场的竞争力；此外，建立国际合作机制，可以适当与国外发达的临空经济区实现对接，以灵活的外汇政策及税务优惠政策，实现区区互动，吸引国外临空经济区内的企业前来投资或设立代理机构等。

对待临空经济的发展要科学规划，大胆尝试，制定灵活的政策，健全服务保障机制，完善基础设施，促进临空经济的快速发展。

完善入园甄选：形成高端的良性互动产业链和产业集群

临空经济区内引入的主导产业应该与航空运输业有着直接或者间接的产业关联。而目前中国临空经济区内引入的产业中很多都不具有高强度的临空指向性。此外，临空经济区内没有形成有效的分工协作的产业集群，产业同构现象严重。另外，目前临空经济区中的许多产业处于产业链的初级位置。如仅进行材料加工、组装、制造等利润较低的业务，而较少涉及高端的创新研发、售后服务、市场营销等业务。限制了临空产业的自主创新能力，不利于中国空港经济的可持续发展。此外，临空经济区中现代服务业及生产性服务业有待提高。

对于物流业企业的引进机制应重点考虑该企业多式联运的能力和效率。目前中国物流业主要存在的问题是产业链较短，极具缺乏诸如国外联邦快递、UPS 快递等企业可单独承担水运、陆运、空运等多式联运的一条完整产业链。中国临空经济区在引进物流产业时，应注意直接引进或培养具有多式联运能力的大型物流企业，同时鼓励企业增加附加服务，提高服务的便捷性和运营效率。

实现中国临空经济区高效发展，首先，应该设立一个高级别的临空经济组织管理机构，从统筹区域长期发展的角度考虑，制定中长期的临空经济区发展战略规划，明确临空经济区的功能分区布局和发展边界，以及如何平衡和协调临空经济区和附近城镇的土地划分和补偿机制，以及产业分工协作的职能。其次，要明确入住园区的企业甄选机制和流程，以保证园区内形成高端的良性互动的产业链和产业集群。甄选过程中，以与临空经济的前后关联性为准则。在甄选物流企业进驻流程中，考虑其多式联运的能力和效率，选择本身具有水、陆、空连运网络的大型企业。同时，还要协调处理好临空经济区产业类型和周边城镇的产业类型衔接问题，实现良性循环。

重视专业人才：加强人才培养和引进，形成“产学研”一条线的发展机制

近年来，中国对临空经济建设投入的资金比例也不断在加大。但从全国的航空和临空经济区的基本建设来讲，目前许多临空经济区人才、科研机构匮乏，缺乏创新“孵化”基地。临空经济多是高新技术

产业的集中地，是一些新技术及新产业发展的领导者及开拓者，这对临空经济区周围的人文环境提出了更高的要求，需要一大批可以服务于高新技术产业的科技人才及专业人才，为高新技术产业的发展提供人才保障。中国航空城内缺少“产学研”一条线的科研机制，这不利于临空经济区的可持续发展。临空经济区是创新的高地，国外临空经济区内大多数设有科研机构，例如北卡罗莱纳州研究三角园区是企业、学术、产业与政府的共同合作体，目前已经发展成为研究开发集聚区和高新技术产业集群区。而中国大多数临空经济区内缺乏科研机构，没有形成技术与产业的良好互动。

在对国外机场临空经济发展经验的总结、分析过程中发现，各个政府当局都积极地建立科技园区或实验中心。这些研发机构对临空经济的发展具有极大的推动作用，且其对于那些技术含量高、极具创新意识的企业具有极强的吸引力。企业通过与科研机构的合作，可以使科研成果及时、充分地转换为生产力，进而促进企业的快速发展，使其成为行业潮流的引导者。因此，设立科技园区，为研发生产性企业提供技术、交流平台，使科技成果更迅速地转化为生产力，不失为促进中国临空经济产业高效发展的一种途径。

临空经济园区，应积极引进高端人才，建立与航空指向性相关的科研机构。在政府进行临空经济规划和建设过程中，应重点将临空经济产业关联度高的教学、科研、开发机构和部门设置于航空城内，通过优惠政策鼓励周围的高等院校和研发部门在临空经济区内设置临空产业的科研机构，提高人才在空港产业区的流动性、常驻性，为临空经济区提供智力支撑。政府还可以考虑将一些科研机构及大学等转移到临空经济区附近，给予高校与科研机构研发、创新资金和项目支持，同时面向社会及国际招商，在临空经济区周边建立高新技术创业园等；对临空经济区周边的地区，则通过提供教育支持，兴建技术类专业学校，鼓励当地居民参加专业技能培训，培养专业型的技术人才；同时和全国各地区的专业技校学生签订准就业合同，提供有竞争力的薪资，吸引其到临空经济区就业、发展。

国际成功的临空经济区，其发展过程中无一例外地都重视专业人才的引进、技能教育和“职业培训”，以提高临空经济区产业的本地化水平。路易斯维尔市在配合 UPS 的发展中，曾专门设立了“都市大学”，蒙特利尔市作为世界著名的航空产业之都，区内的 4 所大学基本上都在培养航空产业专业人才。香农自由贸易区不仅具有优质的本地教育资源，同时很注重高新技术人才的引进，通过国家的移民政策吸引世界各地优秀人才。

文化产业发展进入升级快车道

2008年以来，由于全球金融危机，各国经济都受到了不同程度的冲击，为应对危机促进经济复苏，各国都在积极推进科技创新和调整产业结构。积极发展文化产业，成为世界各国推进产业转型的重点。党的十七届六中全会鲜明地把文化强国作为国家战略的重要内容突出强调，党的十八大把文化强国列入党的行动纲领，为进一步推进社会主义文化大发展、大繁荣吹响了号角。文化建设在中国特色社会主义伟大事业"五位一体"战略布局中的地位和作用进一步凸显，实现文化强国梦成为中华民族伟大复兴中国梦不可或缺的重要组成部分。

党的十八大明确提出，要在十六大、十七大确立的全面建设小康社会目标的基础上努力实现新的目标，在文化领域，要求"文化产品更加丰富，公共文化服务体系基本建成，文化产业成为国民经济支柱性产业，中华文化走出去迈出更大步伐，社会主义文化强国建设基础更加坚实"。这五个要求点明中国文化升级版的基本内涵和路径。其中，文化产品、公共文化和文化产业将是中国文化升级版的三大基础工程。

现实危机：“中国梦”呼唤文化复兴

建设中国特色社会主义，实现中华民族伟大复兴的“中国梦”，文化的复兴既是其中的重要内容和目标，又是其中的必要条件。西方发达国家从文艺复兴到思想启蒙运动，创造了与工业社会相适应的新的政治文化，所以西方发达国家主导世界几百年。人类发展的历史证明，只有创造了新的文化形态，才能引领新的社会形态发展和最终确立。我们说，21世纪是中国的世纪，而只有当中国拥有新的经济发展模式和政治文化形态，这一命题才能最终实现。换一句话说，只有实现了中华民族的文化复兴，才可以说真正实现了中华民族的伟大复兴。

中国是四大文明古国之一，当前却面临着前所未有的文化危机。究其根源，在于中国传统文化与西方工业文明的激荡；传统自然经济、计划经济向市场经济转换过程的阵痛及全球化时代的到来对中国的政治、经济、文化、日常生活等各个方面的冲击。21世纪是中国和平崛起的历史机遇期，要建设与中国特色社会主义相适应的文化形态，广泛开展文化复兴运动有着极其重要的意义。

中国特色社会主义核心价值的重构是文化复兴的主命题。中国特色关键在文化，在其独具特点的社会理想和人生原则。核心价值重构必须放在全球化的大背景下，支撑中国特色社会主义建设、中国和平崛起、民族团结、社会和谐、实现“中国梦”等重大使命。有必要在社会主义核心价值体系的基础上，进行凝练，构建为中华民族广泛认同并自觉实践的核心价值。

经济运行规范和生活规范重建是文化复兴的当务之急。坚持复兴不是复古，一方面要发扬传统，另一方面又要吸收外来文化之积极因素，把东方和西方的文化精华整合到一起，使之变成具有可操作性的思想纲领贯通现代社会，以培养优秀的国民为目的，进一步细化《公民道德建设纲要》，制定包含衣、食、住、行等五大部分的规范，对全体公民在日常生活方面提出基本要求，进而扩展为全社会的生活理想，增进社会和谐。

2013年6月14日，中央文化体制改革和发展工作领导小组召开文化体制改革工作座谈会。中共中央政治局委员、中宣部部长、中央文化体制改革和发展工作领导小组组长刘奇葆出席座谈会并讲话，强调站在新的起点上，要进一步解放思想、坚定信心、凝聚共识，以更大的勇气和智慧把文化体制改革推向前进。要着眼提高文化宏观管理能力、增强文化市场主体竞争力，推动国有经营性文化单位建立和完善现代企业制度，积极培育骨干文化企业，建立健全现代文化市场体系，分类推进文化事业单位改革，加快转变文化行政管理部门职能，探索健全国有文化资产管理体制。要推进公共文化服务均等化，提高文化产业规模化集约化专业化水平，加强文化传播能力建设，繁荣发展文化事业文化产业。要切实加强组织领导，不断提高推动文化改革发展的能力。

2013年6月27日，文化部党组书记、部长蔡武在文化部文化体制改革工作领导小组会议上表示，下一阶段，文化系统要按照“加大力度、巩固提高、深化拓展、攻坚克难、科学发展”的工作要求，结合文化系统实际，着力推动文化行政部门职能转变，提高文化宏观管理能力；深化文化企业改革，在转企改制的基础上增强文化市场主体竞争力；坚持建设与管理并重，建立现代文化市场体系；统筹城乡、区域发展，加快建立公共文化服务体系；加快转变文化发展方式，优化产业结构布局，构建现代文化市场体系；统筹用好各种资源，提高中华文化走出去水平，全面推进文化各领域各方面的改革发展。一是进一步深化国有文艺院团体制改革。二是深化经营性文化单位改革。三是积极培育文化市场、深化综合执法改革。四是分类推进文化事业单位改革。五是加快转变文化行政部门的职能。六是提升公共文化服务能力。七是推动文化产业健康快速发展。八是加强对文化产品创作生产的引导。九是发展对外文化交流和贸易。

突出矛盾：文化产品短缺与过剩并存

近年来，中国文化产品的国际竞争力和影响力明显增强。2012 年中国文化产品出口总体呈现快速增长态势，全年文化产品出口额为 217.3 亿美元，同比增长 16.3%。文化产品出口的崭露头角，有望成为未来中国对外贸易的新亮点。

但在国内，在文化产品方面，却出现“短缺”和“过剩”的怪现象。在中国社科院《2013 年文化蓝皮书》发布会上，有专家提出，中国文化产业在经历了 10 年“热运行”后，现已到达“拐点”，文化市场从产品总体短缺转向了“短缺”与“过剩”并存。据《2012—2013 年中国电影产业研究报告》显示，2012 年，中国电影故事片产量高达 745 部，却只有 231 部有机会与观众见面，只占总量的 31%。《泰囧》等国产片的票房神话却显现了观众对国产好电影的“饥渴”。

过去我们的重心一直放在支持产品上，但事实上，中国目前绝大部分领域的文化产品都处在过剩状态，几乎没有一个领域的文化产品的数量低于市场的需求。文化消费不同于物质消费，是非刚性需求。如果市场精品不足，很容易造成表面上文化消费能力的下降，“短缺”和“过剩”的矛盾也会凸显。随着竞争的日趋激烈和消费者的文化需求，文化市场会更向买方倾斜，而针对买方市场进行结构调整优化也势在必行。

可以说，文化企业的严重两极分化造成精品短缺，而大量的同质化经营又带来了严重的产能过剩。这种情况下，文化产业将迎来大规模洗牌和兼并重组浪潮。中央文化企业国有资产监督管理领导小组办公室2013年5月曾透露，为深入贯彻落实党的十七届六中全会精神，加快推动文化产业成为国民经济支柱性产业，2012年中央财政共安排文化产业发展专项资金34.63亿元，重点支持文化体制改革、骨干文化企业培育、现代文化产业体系建设、金融资本和文化资源对接、文化科技创新和文化传播体系建设、文化企业走出去六大方面。与往年相比，2012年资金分配工作首次引入合规性审核、专家评审工作机制，调整完善项目分类方法，项目遴选更为严格规范，进一步提高了资金分配的科学性、规范性和合理性。国务院常务会议决定，2013年8月1日起，广播影视作品的制作、播映、发行等将纳入“营改增”试点。文化产业再次迎来利好财税政策。

紧迫课题：在大力发展公共文化上有所作为

在过去10年公共文化服务体系建设过程中，各级政府发挥了不可替代的主导作用。财政部发布数据显示，近年来，中央财政支持构建覆盖城乡的公共文化服务体系，2003—2012年累计投入580.11亿元，年均增长82.2%。在政府的全力推动下，公共文化服务体系框架基本建立。

文化部、财政部于2011年启动“国家公共文化服务体系示范区(项目)创建工作”，为中国公共文化服务体系建设探索经验、提供示范，推动公共文化服务体系建设科学发展。作为首批国家公共文化服务体系示范区创建城区，北京市朝阳区建立了“1+6+43”创建组织网络，提出了“3+1”四级服务网络建设的基本思路，研究制定了“2+5”公共文化服务评价考核指标体系，各项创建工作扎实推进。第三方测评显示，经过两年创建实践，在国家公共文化服务体系示范区创建要求的76项指标中，该区已全部达标，其中，处于优秀水平的指标占93%左右。2013年4月30日，《人民日报》头版头条刊载题为《文韵润城乡——北京市朝阳区公共文化服务体系建设纪实》的文章专门报道该区的经验做法。

但是，也必须看到中国公共文化服务方面存在诸多问题。2013年4月25日，由教育部重点研究基地上海师范大学都市文化研究中心、上海高校都市文化E—研究院主持的《2012年中国公共文化服务发展报告》发布。据主持此项研究的教育部重点研究基地上海师范大学都市文化研究中心主任孙逊教授介绍，例如关于公共文化人均投入方面，全国有25个省市自治区得分在60分以下；包括投入总量排在第一位的广东，排在第四位的江苏，人均得分都在60分以下；又如文化事业费占财政支出比重百分比，全国平均是0.42%，有18个省市自治区低于平均水平；还有人均文化事业费（元），全国平均是35.86元，有21个省市自治区低于平均水平，这表明许多省市自治区公共文化经费投入严重不足，不仅总量少、比重低，而且人均文化事业费明显偏低。

公共文化服务、社会资源和市场机制，分别代表了政府、社会和市场三种力量。目前这三种力量还没有很好地融合在一起，政府较强，市场相对弱，社会更弱。在实践中，政府主导乏力、引导参与不力。其实，文化不仅是政府的事，还要政府、市场、社会三轮驱动，三管齐下。

可以预期，“政府主导、社会参与”，以公共财政为支撑，以公益性文化单位为骨干，以全体人民为服务对象，以保障人民群众基本文化权益为主要内容，完善公共文化服务体系，引导和鼓励社会力量通过兴办实体、资助项目、赞助活动、提供设施等形式参与公共文化服务，将成为未来公共文化服务体系建设提速升级的重要抓手。

需要强调的是，公共文化服务要建成一个体系，农村无疑在网底。要建成农村公共文化服务体系，必须有更多的财力、物力投向基层，把更多的资源引向农村。2013 年 3 月 27 日至 29 日，文化部部长蔡武到广西调研时了解到基层和边境地区文化投入不足、设施不完善、人才欠缺等问题，表示这就是文化建设的重点和难点。他强调指出，各级政府文化行政管理部门要切实转变职能，从办文化向管文化转变，从微观管理向宏观管理转变，充分激发社会参与和发展文化的活力，让群众真正成为文化创作、欣赏和评判的主体。

支柱地位：中国文化企业 30 强主营收入首超 2000 亿

当今世界，文化发展与经济发展日益融合，文化产业逐渐成为经济增长的重要动力。在一些经济发达国家，文化产业已经成为支柱性产业，其增加值大大超过其他产业，增长率也普遍高于经济总量增长率。按照国际通行算法，支柱产业占 GDP 的比重需达到 5%。《2013 中国文化产业年度发展报告》显示，2012 年中国文化产业总产值突破 4 万亿元，占 GDP 比重进一步提升，对社会经济发展的拉动作用逐渐增强。中宣部副部长孙志军曾表示，到 2015 年，中国文化产业逐步成长为支柱性产业的目标完全可以实现。目前，北京、上海、湖南、广东等地文化产业增加值占当地地区生产总值比重超过 5%，成为当地重要支柱产业。

文化产业成为国家支柱产业，离不开文化骨干企业做大做强。2013年5月17日，光明日报社和经济日报社联合发布了第五届中国“文化企业30强”名单。2013年30强企业总的主营收入首次超过2000亿元大关，达到2047亿元，比上届增长28%。在涵盖门类上，首次有工艺美术企业、新媒体企业和跨领域、跨行业经营的综合性文化企业等入选。

通过“文化企业30强”的评比，反映出转制国有文化企业和民营企业各领风骚。30强企业中，2003年以来转企改制的企业共有19家，

□ 第五届文化产业30强企业文化艺术类企业亮点数据

企业名称	亮点数据
杭州宋城旅游发展股份有限公司	2012年，宋城股份接待入园和观演的游客共计810万人次。截至2013年3月31日，宋城股份总市值达80.77亿元，排名居创业板第15位，居旅游板块第2位
保利文化集团股份有限公司	目前经营管理的剧院数量达31家，形成了国内规模最大的剧院院线，2012年组织演出3600场。北京保利拍卖是中国最大的艺术品拍卖企业之一，自2008年秋以来，已连续九届荣登国内单季大型拍卖会成交额榜首，3次刷新中国艺术品单季拍卖成交世界纪录。2012年，北京保利拍卖以60.8亿元的全年艺术品拍卖成交总额三度蝉联全球中国艺术品拍卖年度成交冠军
莆田市集友艺术框业有限公司	2012年产品产值达21亿元，出口创汇16.8亿元人民币、近5年来年递增33.5%。2012年集友艺术框业有限公司主营业务、税前利润分别比2011年增长31%和57%，连续两年营业收入保持30%以上、利润保持45%以上的增长速度，实现销售收入年均增长30%以上
上海文广演艺（集团）有限公司	2012年演艺集团共演出11309场，其中院团演出7708场、公司演出667场、剧场演出2934场。从2009年开始，连续四年演出场次破万场，连续3年主营收入破2.5亿元
中国对外文化集团公司	2012年，在全球近50个国家和地区300余座城市，举办各类大中小型演出和联合演出近6000场，商演项目占70%以上，观众总量超千万人次

注：北京演艺集团有限责任公司相关亮点数据暂无。

资料来源：据媒体公开报道综合整理

占总数的63.3%。国有或国有控股企业23家，占总数的76.7%，主营收入超过入选企业主营收入总和的80%。这反映了国有文化企业作为中国文化产业发展的主力军，发展活力和市场竞争力进一步增强。而民营文化企业入选类别和数量均有增加。此次入选企业中，民营企业有7家，占总数的23.3%，为历届最高，其中3家为首次入选，反映出近年来在国家积极引导社会资本投资文化产业的政策环境下，民营文化企业正逐步成为推动文化产业发展的重要力量。

作为文化龙头企业，30强企业的发展质量和水平对于文化产业发展的规模、方向及整体实力有着重要的影响。本届选出的中国文化企业30强从经济总量和规模上都有长足的进步，企业竞争力、影响力也都不断地增强。

在本届入选标准多项指标提高的情况下，入围企业总数仍达到了113家，较上届增加46家。另外，本届的30强企业中有24家企业来自上届的30强企业，占总数的80%，并且主营业务收入，净资产分别

□ 第五届文化产业30强企业文化科技类企业亮点数据

企业名称	亮点数据
上海盛大网络发展有限公司	2012年年收入已达70亿元、税收超10亿元，连续多年名列非公经济企业前20强；拥有3家海外上市公司，近7000名员工，1.4亿多活跃用户。2012年海外收入超3亿元人民币
完美世界（北京）网络技术有限公司	2011年，完美世界海外出口总额已占到了中国网游海外出口总额的近40%，连续5年位居中国网游海外营业收入第一，公司旗下产品成功出口到海外100多个国家和地区
百视通新媒体股份有限公司	百视通主营的“三屏融合”新媒体业务2012年营业收入超过20亿元，利润超过5亿元

注：深圳华强文化科技集团股份有限公司相关亮点数据暂无。

资料来源：据媒体公开报道综合整理

□ 第五届中国"文化企业30强"部分企业2012年业绩情况

企业类型	企业名称	营业收入（亿元）	利润总额（亿元）	总资产（亿元）
文化艺术类	杭州宋城旅游发展股份有限公司	5.86	3.41	31.99
	莆田市集友艺术框业有限公司	37.69	3.11	—
	上海文广演艺（集团）有限公司	2.56	—	—
广播影视类	上海东方传媒集团有限公司	154.76	22.56	134.21
	江苏省广播电视集团有限公司	111	—	139.30
	江苏省广电有线信息网络股份有限公司	34.20	6.20	—
	湖南电广传媒股份有限公司	44	6.80	133.58
	上海电影（集团）有限公司	21.19	2.64	—
	北京光线传媒股份有限公司	10.34	3.92	—
出版发行类	江苏凤凰出版传媒集团有限公司	176	16.90	350
	湖南出版投资控股集团有限公司	130	9.19	158
	江西省出版集团公司	100.28	5.32	105.40
	山东出版集团有限公司	107.25	—	158.39
	浙江出版联合集团有限公司	90.38	6.14	124.44
	中国教育出版传媒集团有限公司	—	—	144
	中国出版集团公司	68.84	5.85	101.42
	四川新华发行集团有限公司	48	—	109
文化科技类	上海盛大网络发展有限公司	70	—	—
	百视通新媒体股份有限公司	20	5	38.83
其他类	北京万达文化产业集团有限公司	208	—	310
	西安曲江文化产业投资（集团）有限公司	—	—	400

注：莆田市集友艺术框业有限公司、上海文广演艺（集团）有限公司、上海东方传媒集团有限公司、湖南电广传媒股份有限公司、上海电影（集团）有限公司、浙江出版联合集团有限公司、四川新华发行集团有限公司为主营业务收入；江西省出版集团公司、山东出版集团有限公司为销售收入；上海盛大网络发展有限公司、北京万达文化产业集团有限公司为年收入。莆田市集友艺术框业有限公司、上海东方传媒集团有限公司为税前利润；江西省出版集团公司为净利润。上海东方传媒集团有限公司为净资产。

资料来源：据媒体公开报道综合整理

□ 第五届文化产业 30 强企业其他类企业亮点数据

企业名称	亮点数据
北京万达文化产业集团有限公司	万达文化产业集团注册资本 50 亿元，总资产 310 亿元，年收入 208 亿元，计划 2016 年收入达到 400 亿元，进入世界文化企业前 20 名；2020 年收入达到 800 亿元，进入世界文化企业前 10 名
西安曲江文化产业投资（集团）有限公司	成立于 1995 年，公司注册资本 43 亿元，总资产近 400 亿元。曲江演出、曲江会展产业均占西安市场总额的 90% 以上

资料来源：据媒体公开报道综合整理

□ 第五届文化产业 30 强企业广播影视类企业亮点数据

企业名称	亮点数据
上海东方传媒集团有限公司	2012 年，集团经营的频道群占上海黄金时段收视份额 63.53%，全年实现广告经营收入 70 亿元。影视剧业务实现经营业绩的跨越式增长，全年主营业务收入 3.47 亿元，收入增长 57%
江苏省广播电视集团有限公司	2012 年，集团全年实现广告收入 50.9 亿元，同比增长 16%，江苏卫视单频道经营创收突破 40 亿元大关。居家购物业务全年销售额突破 30 亿元
中国国际电视总公司	16 年来，年均营收增长率近 20%，总资产、年营业额双超百亿元
江苏省广电有线信息网络股份有限公司	截至 2013 年 4 月，公司联网有线电视用户 2080 万，联网数字电视用户 1292 万，互动电视用户 228 万，高清电视用户 132 万
湖南电广传媒股份有限公司	截至 2012 年 12 月 31 日，公司总资产 138 亿元，净资产 43.8 亿元；2012 年实现主营业务收入 44 亿元，实现利润 6.8 亿元
上海电影（集团）有限公司	2012 年，上影集团全年共发行影片 18 部，全国发行总票房 8.33 亿元。集团所辖联和院线下属影院放映电影 423 部，全年票房 16.9 亿元，同比增长 26.59%，连续 9 年实现大幅增长，约占全国总票房的 10%
北京光线传媒股份有限公司	2012 年公司实现营业收入 10.34 亿元，比上年同期增长 48.13%；实现利润总额 3.92 亿元，比上年同期增长 82.61%

注：中国电影股份有限公司相关亮点数据暂无。

资料来源：据媒体公开报道综合整理

比上年增长19%和16%。具体来看，包括上海东方传媒集团有限公司、江苏省广播电视集团有限公司等在内的5家企业（其中，江苏省出版集团、山东出版集团有限公司实现销售收入超100亿元）2012年主营业务收入超过100亿元。

数据还显示，五届"文化企业30强"来自17个地区。其中，北京上榜企业（次数）最多，达到44家（次）；江苏、广东、上海、湖南等地区上榜企业（次数）也均超过10家（次）。

2012年中国文化产业增加值达到16000亿元，维持18%至20%的年均增速，远高于同期GDP增速。文化产业增加值占GDP的比重也连年上升。2013年文化产业增加值增长15%以上，总额达2.1万亿元人民币，占GDP比重3.77%。

2011年10月通过的《中共中央关于深化文化体制改革推动社会主义文化大发展大繁荣若干重大问题的决定》指出，要加快发展文化产业、推动文化产业成为国民经济支柱性产业。即文化产业增加值占GDP比重超过5%。据有关专家估计，按照平均增速估算，2016年中国文化产业增加值占国内生产总值的比重将达到5%，可以在全国范围内实现文化产业成为国民经济支柱性产业的目标。根据目前的情况来看，一些地区已经实现了文化产业增加值占其GDP比重5%的目标，也就是说文化产业已经成为当地的支柱产业。2012年的数据显示，按省（或直辖市）排名，北京、云南、山东、湖南、福建等地区文化产业增加值占比已经到达或超过5%。其中，北京文化产业增加值占GDP比重最高，达12.3%。就城市而言，杭州、长春、西安、厦门、深圳、哈尔滨等城市的文化产业增加值占比均超过5%，杭州更是达到了13.59%。

目前，文化产业从"量"到"质"的升级转型已经开始，而升级就是一个选择和"优胜劣汰"的过程。《2013中国动画产业年度发展辑要》

□ 第五届文化产业30强企业出版发行类企业亮点数据

企业名称	亮点数据
江苏凤凰出版传媒集团有限公司	2012年，营业收入达176亿元，同比增长10%，主营业务占84.95%；总利润达16.9亿元，同比增长47%；总资产超过350亿元
湖南出版投资控股集团有限公司	2012年，集团实现汇总口径营业收入130亿元、利润9.19亿元，同比分别增长18.8%、24.5%，总资产达158亿元，净资产110.7亿元，出版传媒主营业务利润位居全国第一
安徽出版集团有限责任公司	2006—2012年7年间，公司累计实现销售收入375.57亿元、利润总额24.84亿元，年均增幅分别为45.4%、39.3%
江西省出版集团公司	2012年，实现销售收入100.28亿元，较上年增长43.22%；净利润5.32亿元，较上年增长11.53%；总资产105.4亿元，较上年增长9.91%
山东出版集团有限公司	2012年利润增幅达150%以上，净资产收益率超过20%。2012年集团总资产、销售总收入双超百亿元，与2010年相比，分别增长了50.73%和28.23%，利润增幅达129.47%
浙江出版联合集团有限公司	2012年底，集团资产总额达124.44亿元，当年实现总销售收入134.6亿元，主营业务收入90.38亿元，利润总额6.14亿元，实现利税8.73亿元
中国教育出版传媒集团有限公司	集团公司总资产144亿元，员工4500多人
中国出版集团公司	2012年，集团全年实现营业收入68.84亿元，同比增长22.21%；实现利润5.85亿元，同比增长36.18%；资产总额101.42亿元，同比增长10.35%；资产负债率58.71%，同比下降3.3%；所有者权益41.87亿元，同比增长19.82%
安徽新华发行（集团）控股有限公司	2012年，集团实现销售、利润、资产总额分别比上年同期增长32%、16%、14%，总体经济规模跃居全国同行业第二
四川新华发行集团有限公司	截至2012年年底，发行集团已经发展成为总资产109亿元，年营业收入48亿元，员工超万人的国有大型文化企业

资料来源：据公开媒体报道综合整理

□ 2012 年全国部分地区及主要城市文化产业情况

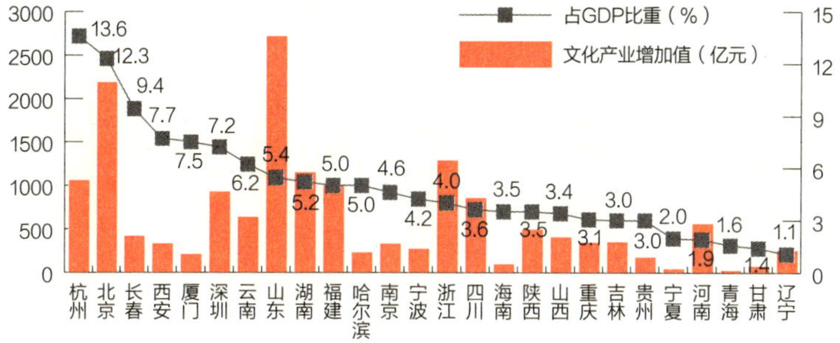

注：山西、河南、湖南文化产业增加值，按照当年统计公报公布的 GDP 计算；辽宁、吉林、山东、海南、重庆、四川、云南、青海、西安、长春、杭州文化产业增加值占 GDP 比重，按照当年统计公报公布 GDP 计算；按照文化产业增加值占 GDP 比重降序排列。

资料来源：据公开媒体报道及各地统计公报整理

公布的最新数据显示，原创动画产量 5 年来首次出现负增长，2012 年产量下降近 15%。除了动漫产业“降温”外，文化企业上市、主题公园发展和文化产业园区建设也都在回归理性。据统计，截至 2013 年 4 月中旬，已经有 18 家文化创意企业撤回上市材料。

文化产业发展不同于一般产业形态，文化是一种积淀，是一种价值内容，文化产业的关键在于创意、创新和创造。与科技融合、与金融结合、与其他行业嫁接，与当地的特色资源结合起来，这样才能让文化产业有持续、旺盛的生命力。为此，2014 年 3 月 14 日，国务院发布推进文化创意和设计服务与相关产业融合发展的若干意见，提出到 2020 年，文化创意和设计服务的先导产业作用更加强化，与相关产业全方位、深层次、宽领域的融合发展格局基本建立，建设一批特色鲜明的融合发展城市、集聚区和新型城镇。

“页岩气革命”：世界能源版图重构

近年来发展迅速的页岩气，因其储量丰富、价格低廉且碳排放少，已有掀起新一轮“能源革命”之势，其大规模开发不仅将改变全球能源版图，甚至会对世界政治经济格局产生深远影响。

大国兴衰：能源是背后那只“看不见的手”

美国经济史学家金德尔伯格（Charles P. Kindleberger，1910—2003）在研究了公元1500年至1990年近500年间世界经济霸权的历史后，在《世界经济霸权》一书中总结出了“国家生命周期”理论，将“国家生命周期”分为五个阶段，即经济发展的成长准备期、经济迅速成长期、经济强盛期、高峰期、国力衰落期。

从国家成长的“长波段”分析，一个大国在发展进入第三阶段，即经济强盛期，成为世界性的大国后，便开始“盈久则亏”，转而进入第四阶段——高峰期，它的经济发展速度开始从加速到减速，国力进入相对衰弱期。耶鲁大学著名历史学家保罗·肯尼迪 (Paul Michael Kennedy，1945—) 在《大国兴衰论》中认为，大国兴起，起于经济和科技发达及随之而来的军事强盛和对外征战扩张；大国之衰，衰于经济生产力的下降和国际经济重心的转移，同时，由于国际承诺太多、军事费用过大，因而形成了帝国战线太长的现象，直到最后被完全拖垮。

亨利·基辛格 (Henry Alfred Kissinger，1923—) 在《大外交》一书中称：“仿佛是根据某种自然法则，每一个世纪总会出现一个有实力、有意志且有智识与道德动力的强国依其价值观来塑造整个国际体系。”对此，美国华盛顿州立大学国际政治学教授乔治·莫德尔斯基 (George Modelski, 1926—) 将这种史学家感悟到的国家兴衰更替现象高度理论化，提出了国际政治发展的“长周期理论”。

根据莫德尔斯基对历史的总结分析，1494 年意大利战争爆发以来的国际政治体系可分为五个周期，每个周期为 100—120 年，它们分别为葡萄牙周期 (1494—1580)、荷兰周期 (1580—1688)、英国周期Ⅰ (1688—1792)、英国周期Ⅱ (1792—1914) 和美国周期 (1914—？)。各个世界领导国的盛衰更替和全球战争的周期性爆发是莫德尔斯基“长周期理论”关注的重点。

世界体系处于无休止变动之中。16 世纪，荷兰从葡萄牙手中夺过霸权国地位，17、18 世纪又被英国取代。19 世纪以后，随着中心区逐渐由西欧扩大到北美，英国霸权地位逐渐衰落，到 20 世纪中叶，美国成为霸权国。进入 21 世纪，美国霸权的衰落和中国国力的崛起已成为世界各国普遍关注的话题。

当前，国际权力转移的话题在 2008 年国际金融危机之前或者说进入21世纪伊始就已经出现，这种话题主要表现在两方面：一是中国、俄罗斯、印度、巴西等新兴国家的崛起和复兴；二是美国在遭受“9·11”事件后世界领导力的下降。美国掌控世界的能力持续下滑，导致世界的权力越来越分散。

美国国家情报委员会(National Intelligence Council)在《全球趋势2025：转变的世界》中坦言：由于新兴国家的崛起、全球化的经济及全球力量大转移，“第二次世界大战后建立的国际体系将在2025年变得面目全非”。“就规模、速度和流动方向而言，正在进行的全球财富和经济力量转移——粗略地讲是从西方流向东方——这在现代历史上是前所未有的。”

一方面，我们要看到美国实力的相对下降；另一方面，又要看到美国仍然是世界上独一无二的超级大国。针对全球权力东移的趋势，美国不会坐以待毙。为此，奥巴马政府采取“两手抓，两手都要硬”的策略。一只手抓对外战略，未来十年积极把外交、经济和战略资源的大幅投入锁定在亚太地区，防范中国经济崛起带来的战略冲击，确保中美“战略再平衡”；另一只手则是抓国内经济发展，通过借助非常规能源的开发，推动国内经济的“再工业化”发展，以复兴美国经济、提升国内就业。

固然，中国的崛起是不可逆转的大趋势，但大国崛起无疑需要“能量”驱动，目前这种“能量”更多地来自化石能源：石油、天然气和煤炭，这恰恰是中国崛起的软肋。从现实主义角度分析，中国作为崛起的大国，客观上对美国的霸权构成挑战，奉行“进攻性现实主义”理念的美国政策制定者不会袖手旁观，坐等中国挑战美国的地位，必然会充分扮演“离岸平衡手”的角色，充分利用中国的地缘政治弱势，在中国周边国家为中国下“绊索”，牵制中国的崛起。

国家成长需要能源和资源驱动。国家成长好似“兔子定律”，当所有的“草地”都被瓜分完毕的时候，随着各个国家政治经济发展的不平衡，必然爆发争夺“草地”的战争。

早在 1973 年，美国总统理查德·尼克松 (Richard Milhous Nixon，1913—1994) 曾直言不讳地说：“美国人口只占世界总人口的 7%，但是我们却享用着世界上 30% 的能源。这并不是件坏事，而是件好事。这意味着我们是世界上最富有、最强大的国家，我们拥有最高的生活水平。这也是为什么我们使用如此多能源的原因所在，希望永远都是这样。”

但是，美国已经失去了能源最大消费国“宝座”。2010 年夏天，充斥着各大媒体的一条头条新闻称，“中国现在比世界上其他任何国家使用的能源都要多”。这条消息之所以在西方媒体中引起强烈的反响，可能就缘于这位美国前总统对能源的使用和美国霸权及生活水平之间关系的“论断”。按照 20 世纪尼克松思想的逻辑，2010 年夏天的头条新闻隐含了一个信息：在每年吞噬数万亿英热单位 (编注：英热单位，即 British Thermal Unit，简称 BTU，1 英热单位 =1055 焦耳) 能量的竞赛中，被取代的国家就好像输掉了霸权和影响力的“世界杯”，也即中国在“能量竞赛”中胜出。

单纯从国家成长的力量来看，中国消耗一次能源的总量超过美国，预示着能源“转折点”的出现，即中、美这两个世界上最大的发展中国家和发达国家之间的能源竞争关系日趋“白热化”。或许，美国已经从英国能够连续保持莫德尔斯基“长周期理论”中的第三、第四两个周期的霸权中得到启示。从能源供给的角度看，如果美国能够实现“能源独立”并以此刺激国内经济的持续增长，那么美国霸权衰弱的局面能够在一定程度上得以逆转。相应地，美国霸权“生命周期”的长度也能够得以延长。更为重要的是，能源作为中国崛起的软肋，正是美国防范中国冲击、打压中国最容易下手之处。最为微妙的是，与赤裸裸的军事遏制和军备竞赛相比，扼住中国的能源“咽喉”更为隐蔽和婉转，既不会造成中美关系的正面冲突，又能起到良好的抑制效果。

横空出世：全球能源市场迎来天然气时代

能源是现代工业的血液。能源问题不仅直接影响经济增长，还关乎地缘政治、国际外交乃至军事格局变化。无论是发达经济体还是新兴经济体，无不把能源问题的解决列为国民经济发展的重中之重。全球金融危机爆发以来，主要经济体致力于新能源和新技术的开发，以寻找和培育新的经济增长点。

眼下，一场悄然降临的“页岩气革命”开始对全球天然气供需关系变化和价格走势产生重大影响，并引起全球对能源市场的关注。页岩气的开发，特别是美国页岩气产量的急剧增加，使这个大多数人还十分陌生的能源话题浮出水面。

页岩气是保留在生油岩层中的天然气，是“非常规天然气”的一种，与“煤层气”“致密气”同属一类，是一种重要的非常规天然气资源。全球页岩油气资源非常丰富。全球页岩气资源量相当于煤层气和致密气的总和，约占全球非常规天然气资源量的 50%，与常规天然气 472 万亿立方米的储量相当。据美国《油气》杂志援引的专家预测，全世界页岩油储蓄 11 万亿—13 万亿吨，远远超过 4000 多亿吨的世界常规石油储量。

美国能源信息署（EIA）2011 年针对全球页岩气储量的评估显示，全球 32 个国家的页岩气技术可采资源量为 163 万亿立方米，加上美国的24万亿立方米，全球页岩气技术可采资源量升至187万亿立方米。其中，中国页岩气技术可采资源量为36万亿立方米，排名世界第一（约占20%），其后依次是美国（约占13%）、阿根廷、墨西哥和南非。

而EIA于2010年测算的全球天然气技术可采资源量约为453亿立方米，此次探明的页岩气资源量使全球天然气资源量增长40%以上，达到640万亿立方米。而该结果还未考虑俄罗斯、中东等非常规天然气储量丰富的国家和地区。

据EIA估算，美国拥有技术可开采天然气储量超过49.38万亿立方米，其中页岩气、致密型砂岩气和煤层气等非常规天然气储量占60%。在非常规天然气储量中，有机页岩储量巨大，广泛分布于美国48个州。美国专家兴奋地认为，有了页岩气，美国100年无后顾之忧。IHS剑桥能源研究机构最近公布的一项研究报告指出，按美国目前对天然气的需求计算，北美洲以外地区的可开采页岩气储量，可供美国用上211年甚至可用690年。

EIA认为，未来美国天然气可采储量的增长将主要来自非常规天然气储量，预计页岩气产量占天然气总产量的比重，将从2007年的12%上升到2013年的35%，到2030年这一比重将上升到55%。

相比于北美洲，欧洲（除俄罗斯以外）页岩气技术可采资源量相对较低，但分布广泛，主要集中在波兰、法国、挪威、乌克兰和瑞典等国。波兰的页岩气可采资源量为欧洲之最，预计未来10—15年波兰每年可提供200亿—300亿立方米天然气。此外，德国、英国、西班牙等国也已开始开展页岩气研究和试探性开发，部分企业已着手商业性勘探开发。但在法国，由于担心页岩气的开采会对水资源带来较大负面影响，已暂时停止相关开采活动。总体来看，由于欧洲缺少大型石油服务行业，人口稠密，政治限制多，且存在更严格的环保要求，欧洲距离实现页岩气大规模商业开发仍为时尚远。

在亚太地区，中国和澳大利亚的页岩气储量都很丰富，上述两国及印度、印尼都已相继开始对页岩气资源展开调查与勘探。目前中国页岩气开发刚刚起步，总体处于以资源评估与勘探为主的探索和准备阶段。2011 年 7 月，中国国土资源部举行了首轮页岩气探矿权招标。中国相关部门和石油公司也已着手与美国有关机构在页岩气开发、技术合作研究等方面展开多种形式的合作。目前中国正在积极推进天然气定价机制改革并加快修建天然气管道等基础设施，为日后页岩气的大规模开采做准备。

拉丁美洲的页岩气资源主要集中在阿根廷、墨西哥和巴西等国。目前道达尔、埃克森美孚等能源公司已经开始与阿根廷国内的石油公司合作，参与其国内矿区页岩气的开采。墨西哥的页岩气可采资源量位列世界第四， 2011 年 10 月墨西哥北部与美交界处发现大规模页岩气田，预计该气田能满足墨西哥 90 多年的天然气需求。

未来，随着非常规天然气的快速发展，天然气有望成为全球第一大能源。根据 2011 年埃克森美孚发布的《2030 年能源展望报告》，预计到 2030 年天然气在世界一次能源结构中所占比例将从当前的 23.8% 提高到 28%，超过石油成为世界第一大能源。因此，页岩气革命将有望改变国际能源格局，重塑世界工业版图，并改变国际地缘政治关系。

能源革命：或将改变全球地缘政治格局

美国是最早研究开发页岩气能源的国家。早在 19 世纪末，美国米歇尔能源及开发公司成功将水平钻井技术和水力压裂技术相结合。“水平钻井”和“水力压裂”技术的成功使页岩气大规模开采条件成熟，极大提高了深层页岩气的开采效率和营利性，页岩气开采开始进入规模化和商业化发展阶段。21 世纪开始，美国拉开了页岩气产业革命的序幕。

2009 年 11 月，美国《华尔街日报》刊登剑桥能源研究机构主席丹尼尔 · 耶金和该公司负责全球天然气部门总经理罗伯特 · 伊尼森合写的题为《美国天然气革命》的文章指出，10 年来最大的能源创新是天然气，更具体地说是“非常规”天然气的开发，有些人称其为一场革命。美国兴起的“页岩风”势头越来越强劲。2010 年春季在美国休斯敦举行的剑桥能源周的议题就是“页岩气”。数据显示，页岩气产量占北美天然气产量的比重，已从 2006 年的 1% 升至现在的 17%，预计到 2030 年这一比重将升至 50%，这对美国的能源储备将产生深远影响。

据美国能源情报署 (U.S. Energy Information Administration) 估算，美国有超过近 50 万亿立方米的技术可采天然气储量，其中页岩气、致密砂岩气和煤层气等非常规天然气占 60%，且页岩气的储量最高。美国国会研究中心 (Congressional Research Service) 的研究报告认为，美国的能源储量超过中东国家，居全球之首。

国际能源署 (International Energy Agency) 在 2012 年 11 月发布的《国际能源展望》中预测：美国将在 2015 年取代俄罗斯成为最大的天然气生产国，在 2017 年将超过沙特成为最大的石油生产国，到 2035 年美国能源自给率将到达 97%。在未来的 5 年内，美国将相继成为世界上最大的天然气和石油生产国。

随着技术的进步及探明储量的持续增加，未来页岩气开采将进入爆发式增长期，带动美国的天然气生产进入“黄金时代”。根据 EIA 测算，到 2035 年，美国页岩气产量预计将增至 3885 亿立方米，占天然气总产量的比重将提高到 49%。而国际能源署的测算则更为乐观，其认为至 2035 年美国非常规天然气（主要是页岩气）的产量有望达到 6700 亿立方米，占美国天然气总产量的比重将达到 2/3。

目前天然气最重要的用途是发电和供热，因此天然气对煤炭具有明显的替代效应，未来 10 年全美三分之一的煤炭有望被天然气所替代。以页岩气为首的非常规天然气正在重塑美国能源市场，且未来将对全球天然气市场产生持续影响。过去十年中，基于对美国将大量进口天然气的预期，能源企业在美国建造了大量的液化气再气化设备，然而美国国内页岩气产量自 2007 年开始意外快速增长，导致天然气进口需求显著减少。美国白宫于 2011 年发布的《未来能源安全蓝图》中指出，由于页岩气和页岩油技术快速发展，美国能源对外依存度已大大降低。未来美国将加大本土非常规油气资源开发力度，目标是在 2035 年之前使美国成为能源净出口国。

石油和天然气在地缘政治中的地位有着很大的不同。从战略角度来说，石油的重要性远超天然气。这是由于石油在战争和交通运输中扮演了重要的角色。现代战争离不开石油，也没有别的能源能替代石油在现代战争中的作用。所以，想建立现代军队的国家，必须确保石油的供应，在这一点上，天然气无法比拟石油的战略地位。

北美非常规能源革命推动着世界能源形势的变革。非常规油气的大规模开发使北美有望崛起成为可以跟中东比肩的全球能源高地，这将对国际地缘政治格局产生重要影响。按照 2012 年度《国际能源展望》所绘制的“能源路线图”，北美页岩油气的大规模商业开发将重塑国际能源市场的秩序，有望催生新的“赢家”与“输家”。

过去 40 年中，中东地区一直是国际政治舞台的焦点，欧佩克组织为维护自身的利益，经常通过限产来确保国际油价稳定在高位，从而对

□ 能源跨国公司相继参与美国页岩气资源开发

时间	项目
2009 年 12 月	埃克森美孚以 410 亿美元收购了美国 XTO 能源公司，正式拉开了石油巨头角逐页岩气资源开采的序幕
2010 年 1 月	法国的道达尔石油公司以 8 亿美元购买了美国切萨皮克能源公司在巴尼特页岩区 25% 的资产，还将为切萨皮克能源公司的钻井、完井及设备改造提供 60% 的资金支持
2010 年 5 月	英国天然气公司以 9.5 亿美元收购了美国 EXCO 公司在阿巴拉契亚盆地 26.5 万公顷区域内 50% 的页岩气资产
2010 年 5 月底	英荷壳牌公司以 47 亿美元收购了 East Resources，并收购了得克萨斯州南部伊格尔福德页岩气地区 10.1 万公顷的开采权
2010 年 7 月	波兰宣布参加美国页岩气的开采项目

注：据《中国石油石化》杂志 2010 年第 18 期刊登赵旭题为“页岩气催化全球油气格局”的文章介绍，得益于非常规天然气尤其是页岩气开发技术的突破，2009 年美国以 6240 亿立方米的产量首次超过俄罗斯成为世界第一天然气生产国，而俄罗斯天然气产量降至 5820 亿立方米。产量地位的更替使美国天然气消费长期依赖进口的局面发生逆转。这是低碳经济迎来战略发展机遇的推动力，也是世界油气地缘政治格局发生结构性调整的催化剂。

世界经济产生重要影响。未来，随着天然气对石油在一定程度上的替代，欧佩克组织在政策选择上将面临两难选择。一方面，天然气供应的持续增加使得欧佩克组织通过限产来提高原油价格的“饥饿平衡”策略将受到明显的掣肘；另一方面，受液化天然气贸易的带动，天然气价格将逐步与原油价格脱钩，这意味着常规天然气价格也将面临长期走低趋势。在这种趋势下，中东地区的能源地位将可能下滑，由此美国的外交政策在远期可能会发生一定的调整，从而有助于缓和中东的紧张局势。

在未来的 5—10 年中，北美作为新崛起的世界能源供应重心，将是能源新秩序的主要受益者，美国则是最大的“赢家”，不但能提高能源自给度，实现“能源独立”构想，还能拉动国内经济发展，推动国民经济“再工业化”进程；而以能源出口作为国家复兴战略支点的俄罗斯或为最大“输家”，在美国非常规能源“革命”冲击下，它不但会因能源价格下降导致其财政收入缩水，其“能源大棒”的地缘政治“杀伤力”也将大打折扣。

2012年1月，美国总统奥巴马宣布了美国新的军事战略，其内涵就是，即使以牺牲美国在其他地区的军事掌控为代价，也要确保美国对印度洋和太平洋的完全掌控。这意味着美国会加强与印度和中国南海地区国家的军事同盟。

美国这一军事战略的另一个内涵，是希望欧洲能摆脱对俄罗斯的能源依赖，实现能源独立。美国正在和波兰、乌克兰开展页岩气开采的合作，希望减少它们对俄罗斯天然气的依赖。俄罗斯对美国的这一战略十分紧张。因此，俄罗斯希望增加它在东边的能源出口，比如中国和日本。

天然气进口国与出口国之间通常存在着一种微妙的政治关系。天然气出口国常常将天然气作为政治工具，而进口国则深受能源安全和价格的困扰。一直以来，俄罗斯利用自己天然气输出国的强大实力，力图垄断市场和控制价格，运用天然气“武器”来控制依赖自己的欧盟市场。

2001年在俄罗斯总统普京的倡议下，世界上主要天然气出口国成立了“天然气输出国论坛”，其终极目标是成立一个类似石油输出国组织（OPEC）的“天然气输出国组织”，共同协调天然气的产量和价格，以保障出口国的收益，维持国际油价、气价的平衡。俄罗斯的意图是借此建立自己的“能源霸权”，以此为平台来增强自己的油气话语权，但目前正日益受到来自美国页岩气的挑战。

俄罗斯天然气价格面临美国廉价天然气的冲击。随着美国页岩气的大规模生产，美国在2009年一举超过俄罗斯成为世界天然气最大生产国。美国页岩气的加速开发，使得美国页岩气在价格上比俄罗斯的天然气更具优势，美国液化天然气的大规模出口将大幅拉低国际天然气市场的整体价格。2012 年 4 月，美国亨利中心的天然气批发价格仅为 2 美元 / 百万英热单位，而同期欧洲市场天然气进口价格是美国的 5 倍，亚洲市场天然气进口价格则为美国的 8 倍。未来，一旦美国页岩气大幅出口，俄罗斯在欧亚大陆的天然气主导价格就将受到重创。

在页岩气经济的催化作用下，美国凭借资源主导优势在能源外交方面有了更多主动权，未来，美国将会与俄罗斯争夺天然气贸易伙伴，排挤它在欧亚大陆的能源供应垄断地位。从全球来看，欧洲、亚太地区天然气供应格局日益多元化，这将使两个地区油气市场的联系与互动更加紧密，因此，原本复杂的油气地缘政治互动将变得更加扑朔迷离。

在美国天然气大幅出口的影响下，俄罗斯在欧洲的强硬定价权及市场份额都将被削弱。此外，在新技术的带动下，欧洲丰富的页岩气资源有了用武之地，对俄罗斯天然气出口的依赖也将进一步下降，能源安全状况将大幅改善。此外，加拿大的管道气和卡塔尔的液化气都在寻找新的买家,若它们进一步占领欧洲市场,俄罗斯能源出口环境就将更加恶化。

美国页岩气的开发成为传统天然气市场的“搅局者”。美国凭借其技术与成本优势，将使其他国家的“人心向背”发生变化，俄罗斯建立“天然气输出国组织”的倡议恐怕是“曲高和寡”，难以成功。

页岩气的开发会改变国际天然气市场的供求结构，这意味着俄罗斯将失去在欧洲天然气市场强硬的定价权和一定范围的市场份额，欧洲国家天然气消费单一依赖俄罗斯的局面将发生实质性改变，北美地区将成为欧洲天然气供应“多元化”的重要来源。在欧洲市场，美国出口的液化天然气可以成为欧洲天然气进口的来源，欧洲可借此减少对俄罗斯天然气的依赖，并直接引发美俄之间天然气“霸主”地位争夺。借助于美国页岩气的大规模商业化产量，严重依赖俄罗斯进口天然气的欧洲国家势必获得更有利的“谈判筹码”，俄罗斯的“价格杠杆”优势将逐步丧失。

贝克研究所的报告指出，俄罗斯在西欧天然气市场所占份额将从2009年的27%降至2040年的约13%。美国页岩气开发将使2040年俄罗斯、委内瑞拉和伊朗预期占全球天然气供应份额由33%降至26%。据英国《金融时报》报道，来自世界各地的石油公司正汇聚欧洲，准备大规模开采欧洲页岩气资源。2010年3月，俄罗斯联邦国家杜马能源委员会举行了“页岩气资源开发前景”的圆桌会议，主题是如何应对“美国依靠开发页岩气新技术，使其天然气产量超过俄罗斯，成为世界第一天然气生产大国并改变世界天然气市场的现状”。俄专家认为，美国掌握了开采页岩气的技术并一跃成为世界第一产气大国，对俄罗斯构成了挑战。

由于欧洲国家天然气消费总量的四分之一来自俄罗斯，俄罗斯一直对欧洲“挟气自重”，频繁使用“能源武器”，对此欧洲一直受制于俄，“敢怒不敢言”。但2012年以来，这种不利形势已经出现反转。在2012年9月，欧盟已经尝试与俄罗斯天然气工业股份公司达成固定价格采购机制，并试图缩短俄方坚持的长期供气合同的期限，以获取最有利的天然气现货价格，防范未来天然气价格下跌导致的风险。事实上，俄罗斯已经给予部分欧洲国家10%的优惠折扣，这在之前俄罗斯“一家独大”的情况下是不可能发生的。

在未来10年，中国很可能也会迎来一波汹涌的页岩气开发浪潮，这将对中国低碳经济的发展提供战略性推动。俄罗斯真正担心的是，一旦中国能够复制美国的页岩气技术，那么当规划中的“中俄天然气管道”建成时，中国也许就不需要再大规模进口俄罗斯的天然气了，这使耗资巨大的管道工程或将成为“摆设”，不符合俄方的利益。

专栏

日本有望成为“资源大国”

国土面积居世界第61位、仅有37万平方公里国土的日本缺乏自然资源，然而日本领海加专属经济区的海洋面积在世界名列前茅。日本很多专家提出将“蕴含着无限可能性的人类新边疆”——海洋作为振兴日本经济的新增长点，通过开发海洋摘掉“资源小国”之帽，实现“资源大国”之梦。

日本经济产业省新近宣布，成功从近海地层蕴藏的可燃冰中分离出甲烷气体，为2016—2018年度实现可燃冰的商业化开采迈出了重要一步。“可燃冰”的正式名称为“甲烷水合物”，是天然气的主要成分甲烷与水在高压低温条件下结晶形成的冰状物，通常存在于永久冻土带或大陆边缘的海域，因其点火就着，俗称“可燃冰”。可燃冰在自然界广泛存在，是一种重要的潜在未来能源。据估算，日本周边海域可燃冰的天然气潜在蕴藏量相当于日本100年的天然气消费量。如若真的达到实际开采的水平，不仅对日本，而且对世界来说堪称一次“可燃冰革命”。不久前安倍访美，要求正在掀起“页岩气革命”的美国向日本出口天然气。一边是“可燃冰革命”，一边是“页岩气革命”，日美两国的所谓“能源资源同盟”或可能一拍即合，而此事如果得到落实，不仅可能为日美两国的能源安全注入正能量，甚至可能影响到整个国际能源格局。

日本四面是海，拥有相当于国土面积10倍以上的“管辖海域”。据日本有关机构预测，除可燃冰外，日本近海的海上风电潜在能量达16亿千瓦。从技术和自然条件看，日本成为海底和海上能源乃至其他矿物资源的生产大国并非不可能。

资料来源：《中国煤炭报》2013年3月15日

廉价能源出口对俄罗斯来说意味着国内政治动荡。由于俄罗斯联邦财政收入的 60% 来自能源出口，天然气价格的低迷将会导致灾难性的后果。苏联崩溃和俄罗斯前总统叶利钦的垮台都与能源价格低迷密切相关，普京对此自然是心知肚明。

基于对“页岩气革命”冲击的恐惧，俄罗斯一直对非常规能源开采技术的扩散持坚定的反对态度，试图以此保护其天然气市场既有份额。根据美国 2010 年颁布的《非常规天然气技术参与计划》，美国决定向印度、约旦、波兰和乌克兰等国家传授页岩气开发技术，帮助这些与美国关系良好的国家提高能源自给度。

俄罗斯认为，美国此举会危及自己的核心能源利益，故不断利用自己的地缘政治影响力阻挠美国公司进入东欧国家。例如，为防止埃克森美孚与波兰政府合作开发页岩气，俄罗斯曾迫使埃克森美孚撤出波兰。由于波兰拥有欧洲最大储量的页岩气资源，俄罗斯对美国能源公司的渗透“严防死堵”，在埃克森美孚离开后，俄罗斯石油公司立即与波兰签署能源合作协议，捍卫自己的地缘政治利益。

环境污染：页岩气“革命”最大挑战

页岩气的形成经历几百万、几千万甚至上亿年自然界的演变并需要有合适的地下储藏条件。天然气在生成、运移和聚集过程中，会沿着有孔隙岩石的小裂缝向上渗透，直至挤入泥岩层或其他岩石之中。这些岩层如同自然储集体（油气藏）上面的“盖层”，使天然气在那里聚集起来。页岩气资源非常丰富，但也难以开发。最容易开采的页岩气蕴藏在不太厚的岩层，很快就会开采完。到那时，就必须开采深度达 3000 米或 3000 米以上的页岩气。

从技术上讲，整个页岩气开发还处于早期阶段。近年来美国页岩气产量急剧增加，首先得益于掌握了国际领先的技术。经过多年攻坚，美国掌握了直接从页岩中开采天然气的技术，其中包括多层的水力压裂技术。先进技术的推广应用，大幅度提高了单井产量、降低了生产成本和天然气价格。

未来页岩气开发存在 3 个不确定因素：产量是否可持续，环境保护者的反对力量是否会加强，全球水资源短缺是否会趋严重。在关注美国成功的同时，也不能忽视美国页岩气开采的相关问题。根据目前美国就页岩气发展的相关讨论，页岩气的开采也存在问题，可能会造成水资源的过度耗用、水污染、大气污染及温室效应和其他的环境问题。

页岩气开发的环境问题主要是由于特有的开发技术及资源自身的特性引起的。现阶段页岩气的开发主要使用水力压裂技术，这需要消耗大量的水资源，同时在开发过程中其自身含有的甲烷将会有所逸出。这使得在页岩气的勘探开发过程中，除了伴随常规油气开发所带来的环境风险之外，还可能承受新的环境风险与挑战。

首先，页岩气的开发需要消耗大量的水资源，这主要是由其开采的技术特点所决定的。因为页岩气被束缚在致密的页岩里，必须通过水力压裂技术才能够采集到。水力压裂技术中采用的压裂液主要由高压水、砂和化学添加剂组成，其中水和砂含量在 99% 以上。页岩气的开采需要的井数极多，据估计平均每口页岩气井耗水量为 1.5 万立方米，这样一个页岩气田的开采将耗用大量的水资源。对于缺水的地区来说，页岩气的开发将加剧水资源紧张局面。

其次，开发页岩气将会造成水污染，引发用水安全问题。这种污染主要包括压裂液对地下水源及返排液对地表水源的污染。页岩气压裂液中含有化学添加剂，在开采过程中还可能融入甲烷，它们会在页岩气的钻井和压裂过程中通过诱发地质断层等方式污染地下水源。而压裂后的返排液除含有压裂液中的化学添加剂外，还有一定量的烃类有机物、重金属和水溶性盐类等。这些返排液经过处理很难全部达到合格，当不合格的处理液排入河流时，便会对地表水产生污染。

再次，页岩气的开发会严重影响当地空气质量。页岩气压裂注水需要很多大功率的柴油机提供动力，这将会产生大量的废气污染物。与此同时，页岩气燃烧排放的氮氧化物、碳氢化合物在一定条件下将生成臭氧。臭氧是二次污染物，其危害比一次污染物更为严重。在美国一些地区，由于页岩气的大规模开发导致的臭氧污染，已经引起公众高度关注。

与此同时，页岩气的开发还可能影响气候的变化。虽然页岩气相比煤炭石油而言，燃烧时排放更少的二氧化碳，但是其在开发、运输及存储过程中还有其他温室气体逸出。页岩气最基本、最重要的成分是甲烷。据统计，页岩气从开发到消费的整个生命周期内泄漏的甲烷为 3.6%—7.9%，而常规天然气仅 1.7%—6%。相比二氧化碳，甲烷的温室效应更强，同样质量的甲烷的温室效应是二氧化碳的 25 倍。如不加以控制，页岩气将和煤炭石油一样，对全球气候造成威胁。在温室效应愈来愈严重的今天，关注气候变化必须重视页岩气开发中甲烷的排放。

最后，页岩气的开发还会引发其他一系列的环境问题。页岩气的勘探、开发和井场建设等将会对地表和植被造成破坏。页岩气井水力压裂液储蓄池的挖掘等使得其土地占用面积远大于常规油气藏的钻井井场。页岩气钻井、水力压裂、井场建设等方面还存在噪声污染。除此之外，页岩气的开采在美国局部地区还引发了地震、泥石流等地质灾害。

2011 年，美国最热门的环境问题就是关于水力压裂法开采页岩气的环境问题。某些地区的页岩气井因环境问题已暂时关闭。美国各界在调查马赛拉斯页岩气开发过程中发现，页岩气的开发不仅消耗了大量的水资源，也对当地水体、大气等生态环境造成了新的威胁。

美国西海岸加利福尼亚州的页岩气产量排在美国首位，但当地支持和反对开采页岩气的声音壁垒分明。在页岩气产业投入巨资的美国能源巨头盼着出口液化天然气时，加州的多家环保组织联合当地农户以环保为由把美国联邦土地管理局告上法庭，美国的“页岩气革命”在加州遭遇了“抵抗”。有评论称，美“页岩气革命”将梦断加州。

2012 年 12 月以来，加州土地管理局还没有接到有关页岩气的开发租约申请。不仅如此，美国生物多样性中心、加州峰峦俱乐部等多家环保组织联合农户，把联邦土地管理局告上法庭。生物多样性中心高级法律顾问、加州环境法研究所主任凯西 · 西格尔女士认为，开采页岩气对加州环境和居民健康带来的危害难以估量。比如，水力压裂法会释放有害的碳氢化合物，产生的二甲苯等物质会破坏空气质量；水力压裂过程中使用的化学品可能渗入含水层并污染饮用水；水力压裂还将释放大量温室气体甲烷，大量开采势必削弱人们控制温室气体排放的努力；页岩气矿采掘时的噪声也会扰民等。更严重的是，科罗拉多州公共卫生学院最新研究发现，水力压裂法会给井口附近的居民带来哮喘等严重健康问题。还有科学家认为，水力压裂时所用化学物质的 25% 会诱发癌症，还有一些威胁生殖系统的有害物质。西格尔表示，水力压裂法正在对全美的农业造成严重问题，用水力压裂法打一口井需要大量的水，这势必给缺水严重的加州带来巨大挑战。此外，农民需要干净的灌溉用水，水力压裂法导致的水体污染、空气污染无疑也是对农业的威胁。

尽管政府部门承诺加强监管，但学术界似乎并不看好加州页岩气开发的前景。著有《来自巅峰的利润》和《投资可再生能源》等能源畅销书的加州著名专栏作家克里斯·内尔德就看衰加州的页岩气产业，他对美国整个页岩气产业的前景持悲观态度。

由于多种复杂因素的相互作用，自2010年起，全美大多数页岩气矿都在亏本生产。许多早期的天然气勘测公司以较高估价把页岩气开采租约炒卖给埃克森美孚等大公司，但此后由于页岩气开采无法实现盈利，购买租约的公司损失数十亿美元。对于在页岩气开采领域投入巨资的企业来说，页岩气增产使美国天然气价格下降，只有靠出口才不至于“倾家荡产”。埃克森美孚等公司支持大量出口液化天然气。但美国企业界对是否出口天然气持不同看法，反对者认为大量出口天然气将破坏依赖廉价天然气复苏的美国制造业。

瑞典斯德哥尔摩安全和发展战略研究所一名资源安全专家近日撰文说，华盛顿“重返”亚太的主力军不是美国海军，而是埃克森美孚等能源巨头，因为美国的“页岩气革命”不仅能完成前总统尼克松的“能源独立计划”、带来地缘政治的变化，也可以使全球制造业中心发生转移，并能为中国不断壮大的中产阶级提供他们非常渴望的能源。

但实际上，页岩气开发并没有改变美国作为天然气净进口国的事实。据内尔德介绍，目前，美国消费的天然气中仍有6%依赖进口，美国通过开发页岩气实现能源独立，不过是一场白日梦。内尔德还认为，美国对进口石油的依赖不会因页岩气的开采而显著降低。

除水力压裂法造成的环境污染仍是页岩气开采尚未解决和值得担忧的问题外，管道输送能力的缺乏导致生产出的天然气无法运走也是一个绕不过去的问题。例如，北达科他州巴肯页岩气矿生产的天然气有1/3只能白白烧掉。有时候，由于页岩气产量快速递减，在采掘的后期把油气输送到管道中反而不那么经济。还有的公司由于遇到资金困难，无法按计划建设油气管道。

谈及美国的“页岩气革命”，GSW 战略集团执行主任杰弗里表示，美国可开采的页岩气田分布在不同地区，各地基础设施、水资源状况、地方官民态度等都有很大差别，总体来看，页岩气开发商面临着后勤保障、勘探开发和利益相关方角色等一系列问题。

能源瓶颈：中国复兴的“阿喀琉斯之踵”

页岩气开发技术在美国实现革命性突破后，美国一年的页岩气产量就突破了 1000 亿立方米。不仅改变了美国天然气的供给格局，也对世界天然气供应产生了深远影响。而中国的页岩气储量要大过美国，这刺激了中国开发页岩气的胃口。

按照 2012 年 3 月中国国土资源部颁布的《全国页岩气资源潜力调查评价及有利区优选》成果显示，中国页岩气地质资源储量为 134 万亿立方米，技术可采资源为 25 万亿立方米，居世界第一位。与此同时，美国页岩气的技术可采资源为 12 万亿—13 万亿立方米，这意味着中国页岩气的储量是美国的两倍。

此前能源专家胡文瑞在《中国石油石化》杂志 2010 年 1 期发表题为《页岩油：睡狮即将苏醒》的文章中提供的数据显示，中国油页岩资源储量非常丰富。2004—2006 年新一轮全国油气资源评估结果显示，全国油页岩资源为 7199.4 亿吨，可采资源 2432.4 亿吨；页岩油资源 476.4 亿吨，可采页岩油 159.7 亿吨；页岩油可回收资源 119.3 亿吨。油页岩遍布中国 20 个省和自治区的 47 个盆地和 80 个含矿区，主要分布在松辽、鄂尔多斯、准噶尔、柴达木、伦坡拉、羌塘、茂名、大杨树、抚顺九个盆地。

与常规石油资源相比，页岩油可回收资源量相当于全国石油可采资源量的56.5%，未来开采利用具有广阔前景。中国油页岩资源品质较好，矿产层状平缓，储量分布集中，沉积环境稳定，使得页岩油具有作为替代能源的巨大潜力。以吉林省为例，目前该省已探明油页岩储量为174亿吨，含油率超过7%，即使以含油率5%计算，也可开采8.7亿吨页岩油。中国每年在开采煤炭过程中产生近千万吨油页岩，仅抚顺西露天矿油页岩每年排气量就达800万吨。2008年国内开采页岩油约40万吨，其中抚顺矿业集团油页岩炼油厂是目前中国正在运行的最大的油页岩提炼厂，年产量达到35万吨。可见沉睡的油页岩一旦苏醒，喷发的能量是难以想象的。俄罗斯媒体认为，页岩气开采将使中国能源供应版图发生巨变。俄罗斯《独立报》援引一些专家的看法认为，中国的页岩气开发还处于“年轻”阶段。

中国是一个“富煤缺油少气”的国家，随着工业化和城市化的迅速发展，在未来相当长的一段时期内，中国的能源需求仍存在结构性短缺。石油和天然气供应的短缺是中国能源问题的结构性矛盾。

可以说，能源瓶颈是中国崛起的“阿喀琉斯之踵”。正如美国著名的国际关系学者Kenneth Lieberthal和Mikkal Herberg指出的那样，“能源安全不再是低政治性的国内经济政策问题，已经成为关系中国国家安全的高政治性问题”。美国页岩气的开采成功给中国留下了巨大的思考空间。加快页岩气开发对保障中国能源供应、缓解天然气供应压力、调整能源结构、推进节能减排及促进经济增长具有战略意义。对中国这样的能源消费大国而言，页岩气是一个充满诱惑的宝库。

2012年，中国天然气产量1077亿立方米，消费量约1500亿立方米，进口量(含液化天然气)425亿立方米。同时消费量增速远快于产量的增速，这意味着中国天然气的对外依赖度会与年俱增。据中石油预测，到

□ 中国页岩气开发国际合作一览

时间	项目
2003 年	山西沁水盆地是中国煤层气富集的“黄金地区”。在沁水盆地南部的柿庄南项目中联公司与美国格瑞克能源公司合作开发，合同区面积 455.286 平方公里；由中联公司与美国萨摩亚能源公司合作开发的潘庄项目，合同区面积 150.8 平方公里，合同期为 25 年。这两个合同区面积达 606.086 平方公里
2009 年 11 月	中国石油公司与英荷壳牌公司合作开发的中国首个页岩气项目，富顺—永川区域页岩气项目在成都启动，双方联合对区域志留系、寒武系页岩气的勘探与开发潜力进行评价研究，区域合作面积达 3818 平方公里
2009 年 11 月	中美双方签署了关于在页岩气领域合作的备忘录。在这一基础上，双方制定了《美国国务院和中国国家能源局关于中美页岩气资源工作行动计划》
2010 年 5 月	中美两国发表了能源安全合作联合声明，其中一项议题就是加强中美在页岩气领域的合作
2010 年 10 月	中国海洋石油公司（中海油）宣布，其全资子公司中国海洋石油国际有限公司将购入美国切萨皮克公司鹰滩页岩油项目 33.3% 的权益。该项目区域位于德克萨斯南部，净面积达 60 万英亩。这是中国油企首次对美国陆上能源进行大规模投资，也是中海油首次涉足页岩气资源领域，被称为中海油“探路”美国页岩气资源开发

注：美国引进外资和外企并购都是在维护国家经济安全的前提下进行的，主要发达国家也是坚持“以我为主”的原则积极进行国际合作；借鉴其他国家经验，中国页岩气勘探开发也坚持“以我为主”的原则，适度引进国外技术和资金，积极进行国际合作。

2020 年可能达到 3500 亿立方米的年消费量。同时，天然气未来的主要消费方向是民用，相比削减原油消费，削减天然气消费更为困难。

目前中国面对日益高涨的能源需求、中东地区较为动荡的局势，以及不断走高的国际原油和天然气价格，国家保障持续稳定能源供应的压力越来越大，能源安全受到极大挑战。同时，面对温室气体减排的压力，能源消费还受到碳排放的约束（根据规划，2020 年单位 GDP 二氧化碳排放相比 2005 年降低 40%—45%）。因此，实现低碳转型，保障能源安全，是必然选择。页岩气开发有利于缓解国内石油消费需求的压力。页岩气作为清洁能源也顺应了中国未来能源结构调整的方向。

2009 年，中国天然气消费量达 810 亿立方米，其中国内产量为 760 亿立方米，占 94%。预计到 2020 年，中国天然气缺口将突破 1350 亿立方米。因此，积极、有计划地开发非常规天然气资源将是中国满足天然气需求的重要途径和保障。

2010 年 3 月，彭博新闻网站发表题为《中国或效美国大举开发页岩气》的文章认为，为满足对天然气日益增长的需求，减少进口并效仿美国增加页岩气产量，中国利用页岩开采的天然气在 20 年内可能达到天然气产量的 1/4。文章援引英国莫滕·弗里施咨询公司高级合伙人莫滕·弗里施的话说，如果中国能像美国一样充分利用页岩气资源，那么它的能源供应将发生巨大变化。据中国石油天然气股份有限公司估计，中国的页岩气资源可能多达 45 万亿立方米，根据英国石油公司的《世界能源统计评论》数据，这比 2009 年俄罗斯已探明天然气储量还多。俄罗斯《独立报》2010 年 4 月 13 日刊登奥列格·尼基福罗夫题为《政策决定是否能盈利》的文章认为，页岩气革命过去几年发生在美国，使能源领域发生了巨大变化，这场革命也有可能在中国发生。如果中国也像美国那样开采页岩气，那么中国的能源供应版图将发生翻天覆地的变化。

中国国家能源局于 2012 年 3 月发布了《页岩气发展规划（2011—2015 年）》，根据该规划，中国计划在“十二五”期间，完成探明页岩气地质储量 6000 亿立方米，可采储量 2000 亿立方米，实现 2015 年页岩气产量 65 亿立方米，基本完成全国页岩气资源潜力的评估与勘探，为“十三五”打好基础，目标是到 2020 年力争达到页岩气年开采量为 600 亿—1000 亿立方米。如果这一目标得以实现，中国的天然气自给率可望提升到 60%—70%，并使天然气在中国一次能源消耗中的占比提升

专栏

中国页岩气资源“家底”有望在2014年探明

国土资源部已正式启动“全国页岩气资源潜力调查评价与有利区优选”工作，拟通过3年时间对中国陆域页岩气资源潜力进行系统评价。到2014年提交一批页岩气有利区和勘察目标区，解决页岩气重大地质问题和关键技术方法，形成页岩气资源技术标准和规范。在国家层面上，开展页岩气资源战略调查和先导试验，尚属首次。

2010年国土资源部启动川南、川东南、黔北、渝东南及渝东北5个重点目标区的先导性实验工作，共优选出20个页岩气富集有利区，估计总资源量为8.50万亿—14.72万亿立方米。2011年将全国划分为上扬子及滇黔桂区、中下扬子及东南地区、华北及东北区、西北区、青藏区5个大区，在全国范围内，对中国页岩气资源潜力进行总体评价。

业内人士分析，页岩气开发仍是空白，尚未成为国有石油企业重点开发领域。国务院已对页岩气的科技攻关事宜做出相关批示，除了批给国家发改委、国家能源局和国土资源部，还特别转发给科技部，旨在加强页岩气等非常规油气的科技攻关。

国家能源局已专门设立页岩气勘探开发关键技术研究项目，加大科技攻关力度，突破核心技术，以加快中国页岩气勘探开发步伐。

资料来源：《经济参考报》

至8%左右，将有助于扭转中国过度依赖煤炭的能源结构，并减少能源对外依存度，具有长期重大的战略意义。

中国政府推出的“‘十二五’能源规划”和《能源白皮书》都提到了发展页岩气。毫无疑问，中国需要新的更安全、更环保的替代型能源，中国需要发展页岩气。相比煤炭石油而言，天然气的燃烧过程更为清洁且排放更少，具有很好的经济效益和社会环境效益。页岩气开发对于保障中国能源安全及经济长期稳定发展，大幅度提高中国天然气开采的年产量，并推迟天然气峰值年份，对中国天然气供气安全及对外天然气依存度的降低有重要意义。

中国政府已经开始推动页岩气项目，推出页岩气开发0.4元/立方米的财政补贴政策，支持力度比较大，可以预见今后几年会有一个页岩气的投资热潮。一时间，人们似乎可以期望中国页岩气的发展可以像美国那样，成为未来推动能源供应和经济增长的重要动力，并且发挥其降低能源价格的优势、减少对国外天然气的进口依赖。

目前，中国是北美以外唯一一个现有石油服务行业规模较大而且政策和税收环境较为宽松的地区，加之中国页岩气储量丰富且能源供需严重不平衡，中国已被视为未来除美国之外页岩气开发最快的国家。

能源博弈：游走美俄之间考验中国智慧

中国大规模开发页岩气同样面临一系列现实障碍。页岩气开发技术含量高、难度大，并且存在环保安全隐患，并不是一件容易的事情。就中国技术与地理禀赋现实而言，中国短期内恐怕无法实现页岩气的大规模开发。

与美国相比，中国开采页岩气最令人担忧的问题可能是水资源严重不足。中国页岩气田大多分布在缺水比较严重的地区。在水量相对充裕的长江流域，只在四川和江汉盆地发现了页岩气，在西北、华北地区，页岩气储量丰富，当地水资源却相当紧张。再加上近年来西南地区的干旱灾害频发，大规模开发页岩气可能会让当地的水资源紧缺状况雪上加霜。从地理环境的角度来看，中国页岩气资源所在地，可能不太适宜页岩气的大规模开采。页岩气开采需要大量的钻井，大概是常规气藏的10倍，钻井和生产作业对地面影响更大。美国页岩气分布地区地表条件优越、地势平坦、地广人稀，而中国优质页岩气分布地区大都集中在中西部山区，地表地形复杂，地势高差大，人口分布密集，页岩气埋藏较美国更深。所以，这些地区可能不太适合页岩气的大规模开采，否则将会影响居民的正常生活，增加对当地基础设施的需求，经济性较差，也易引发山体滑坡等地质灾害。

页岩气开发除了技术相对落后和成本约束以外，还缺乏相关政府配套政策。美国政府长期以来通过税收优惠和财政补贴来支持页岩气的开发和利用，这些优惠政策使得页岩气开发具有相对的技术优势和经济效益。相比之下，中国页岩气开发利用至今还没有比较完整的支持政策与之配套，面对种种不确定因素，企业（尤其是民营）对页岩气的开发利用存在担忧。

中国开发页岩气的技术可能需要从美国引进，美国遇到的环境问题在中国也会发生，由于中国特殊的地理分布环境及中国缺水的国情，美国的技术未必能够直接应用于中国。除此之外，中国页岩气资源丰富的地区主要是四川盆地、渝东鄂西地区、黔湘地区、鄂尔多斯盆地、塔里木盆地等偏远地区。这种特殊的地理分布也导致中国页岩气开发的环境问题与美国相比可能还有更加棘手之处。总体来讲，中国页岩气开发环境问题将主要表现在水资源的耗用和污染、开采地的地理环境条件及环境法律法规的缺失等方面，复制美国页岩气技术有一定困难。

世界各国的地质条件存在极大差异，在美国获得成功的开采技术是否适用于其他国家仍存在疑问。迈克尔·克莱尔（Michael Klare）3月19日在题为《页岩气革命是猫是虎？》的文章中认为，在页岩气和页岩油“革命”中尚有许多不确定因素。

因此，中国应该吸取美国页岩气发展的经验与教训，重视页岩气发展可能引发的问题，走一条行业可持续发展的道路。最可行的对策是，中国可运用智慧与毅力游走于美国与俄罗斯之间，抓住机遇，克服于己不利的因素，以满足天然气的进口需求。

美国在能源政策上的自由度得以增加后，正在试图抽身中东事务，加速“战略重心东移”，实行“亚太战略再平衡”。从地缘政治角度分析，美国的能源变革和“战略东移”为中美之间加深能源合作提供了契机。因此，要真正实现大规模商业化开采需要加强与美国的能源合作步伐。中美之间在页岩气开发领域的合作，表现在两个方面：

一是政府层面的协同合作。2009年11月，美国总统奥巴马访华期间，国家能源局与美国国务院签署《关于页岩气合作的谅解备忘录》。根据该备忘录，双方又签署了《中美页岩气资源工作组工作计划》。双方各自成立了资源工作组，美方派出工作组专家到中国就页岩气开发和资源评估技术进行交流，落实辽河东部凹陷的资源评价研究工作。2012年2月，国家能源局组织召开中美页岩气资源工作组第四次会议，中美双方专家就美国地质调查局最近完成的辽河东部凹陷页岩气资源评价项目进行了讨论。该项目是中美政府间首个页岩气合作项目。

二是企业层面的商业合作。这包括中国能源企业“走出去”和国际能源企业“引进来”两个方面，中国能源企业通过兼并、股权购买进入北美市场，而西方能源公司通过设立合资公司、达成“产量分成协议”等方式进入中国市场。2010年10月，中国海洋石油总公司斥资10.8亿美元收购切萨皮克能源公司（Chesapeake）位于得克萨斯州鹰滩（Eagle

专栏

美媒：中国如挑战美国成为世界第一需三种元素

美国《福布斯》2013年4月1日文章，原题：中国成为第一的必要条件 鉴于其庞大人口、劳动力和出口产业化的强劲势头，在不远的将来，中国成为世界第一必定会成现实——倘若这意味着拥有最大规模GDP的话。但若“第一”的含义更宽泛，如挑战美国和担任世界经济领导者，中国可能还要等上更长时间。

这种角色需要中国欠缺的3种元素：首先，这需要一种本土资源：中国尚未培育出的企业家精神。尽管经历了改革，中国企业仍无追求新商业机遇的自由和动机，因为它们是中央计划中的“单位”而非市场经济中的“企业”。即便有这种追求，（中国的）企业家精神也以“供应”而非“需求”为导向。这正是中国在全球经济中尚未研发出备受青睐的产品也不具备可持续竞争优势的原因。其次，全球领导者需要市场和政府的巧妙结合，令每个体系在其擅长而非难有作为的领域发挥作用——但中国恰恰相反。在经济中，政府并未现身于市场不能胜任或表现乏力的“公共”领域，如环保、职业安全和保护民众免遭金融诈骗等。最后，全球领导者需要新的商业思维方式，使消费者而非政府官僚成为经济世界的中心。上述三点似乎都是中国目前欠缺的。这或许能解释为何中国金融市场对该国成为世界第一的前景并未欢欣鼓舞。

资料来源：《环球时报》2013年4月3日

Ford）的页岩天然气项目33%的股权。2013年2月，美国境外投资委员会批准了中海油收购尼克森（尼克森为一家加拿大油气公司，主要从事西加拿大的油砂、页岩气开发，以及海上油气的勘探与开发）的交易，意味着中海油成功收购了尼克森。

非常规能源开发的成功有可能助力美国开创霸权“第二春”，拉长美国的霸权“生命周期”。俄罗斯等能源出口大国的地缘政治实力将被削弱，难以使用“能源武器”作为制衡美国的外交手段。新的能源秩序令俄罗斯在21世纪的衰落几乎已成定局。从地缘政治角度分析，美国的能源变革和“战略东移”为中俄之间加深能源合作提供了契机。面对美国的页岩气冲击，在俄罗斯的能源战略部署中，开拓亚洲市场已刻不容缓。俄罗斯在亚洲市场上有着重大利益。

在中国领导人换届完成之后，中俄能源合作进展积极。2013年2月25日，中俄北京能源对话就新的油气合作项目达成一致，其中包括俄罗斯每年向天津炼油厂额外提供900万吨石油，2017年向中国首次出口液化天然气，以及中俄共同开发俄罗斯北极大陆架等内容。

基辛格在新著《论中国》中对比了中西战略思维和军事传统：“中国的理想战略强调精巧、迂回及耐心地积累相对优势，而西方的传统则注重决定性的力量碰撞。”对中国而言，在能源大博弈中，毅力与智慧显得格外重要。

中国人民大学国际能源战略研究中心研究部主任崔守军认为，在现存的国际能源体系框架内，力求以柔克刚、巧妙应对，既要加速国内非常规能源的开发、维护好自己的海外能源利益，又要竭力避免与美国在石油和天然气等传统能源方面发生正面冲突，巧妙的能源外交战略是中国复兴的有力支撑。